WAC BUNKO

# リーダー3つの条件

世界でリーダーシップを発揮した安倍総理に学ぶ

門田隆将
河野克

# はじめに　安倍さんのまいた種が芽吹き、実を結ぶことを……

安倍晋三元総理が死去した令和4年（2022年）7月8日。その後、音を立てて「日本」が崩れていることを感じている人は多い。

満を持して、翌令和5年（2023年）2月に発売された『安倍晋三回顧録』は品切れの書店が続出し、やっと手に入れた国民は、貪《むさぼ》るように「安倍さん」の言葉一つ一つを追うのがブームとなった。

日本の歴史でも痛恨事となった暗殺事件——安倍さんが凶弾に斃《たお》れたことがわかったとき、私だけでなく「ああ、日本が終わった」と思った日本人は数知れない。

そのとき、私は安倍さんが愛したひとつの句を思い出していた。

身はたとひ　武蔵の野辺《のべ》に　朽《く》ちぬとも　留《とど》め置《お》かまし　大和魂

安倍さんの故郷・長州（山口県）の偉人である吉田松陰「辞世の句」である。安倍さんがこよなく愛したこの句と、松陰が遺した『留魂録《りゅうこんろく》』。安倍さんの口から、尊敬する吉田松陰のことを直接、聞いたことがなくても、あの大和西大寺の近くで斃れた安倍さんが、この句のままの人生を終えたことに感慨を持たない人はいただろうか、と思う。

「たとえ自分の身が朽ちたとしても、この国を想う私の大和魂だけは留めておいて欲しい」

安倍さんの壮烈な〝戦死〟と、この句が重なったとき、果たして涙を流さない関係者がいただろうか、と私は思ったのである。

それは、最愛の夫人・安倍昭恵さんの本葬の際の挨拶にも現われた。昭恵さんは多くの参列者を前にこう語った。

「主人も政治家としてやり残したことはたくさんあったと思いますが、本人なりの六十七年の春夏秋冬があったと思います。最後、冬を迎えましたが、種を一杯、まいているので、それが芽吹き、やがて実を結ぶことでしょう」

涙のなかでも、毅然とそう挨拶した昭恵夫人に、私は「ああ、やっぱり」と、またこの句を思い出して胸が熱くなった。若くして世を去った松陰は、多くの弟子を育て、種をまき、新たな日本の土台をつくり上げていた。昭恵夫人は、そのことを語ったのである。

松陰をはじめ、安倍さんは多くのリーダーと自分を重ねあわせながら、人生を歩んできたことを昭恵夫人のこの言葉から私は感じとった。

総理は孤独だ。一国を率いる国家の領袖《りょうしゅう》の孤独と重圧は、はかり知れない。その地位に日本の歴史上、最も長く就《つ》いていたのが安倍さんである。

国会での追悼演説の際に、その重圧のとてつもない大きさについて語ったのは野田佳彦元総理である。その言葉を俟《ま》つまでもなく、それは「経験したものにしかわからない」ものなのである。

安倍さんは自らの信念と、政治家としてのあり方、そして日本はどう歩んでいくべきかという理想に基づいて行動し、人生を駆け抜けた。

空が青いのも、ポストが赤いのも、すべて〝安倍のせい〟という「アベガー」なる人間は、たとえ反対する勢力が大きくても毅然と立ち向かっていった安倍さんの信念が生み出したものにほかならない。それは敢然と前進を続けた政治家人生ゆえの産物だった。

憲政史上最長の宰相となっただけでなく、国際的な指導者として、世界中から惜しむ声が湧きおこった稀有《けう》な「指導者・安倍晋三」に対して、私は是々非々の論評を一貫してさせていただいた。

国際的リーダーとして「外交の安倍」を高く評価する一方、2019年の「消費増税」や

2020年の「コロナ対策」、あるいは習近平国家主席の「国賓来日」要請など、個別政策に厳しい批判をさせていただいた。その私の批判は、今も間違っているとは思わないし、おそらく今後も変わらないと思う。

その点で、安倍さんが私に対して「なぜここまで批判をするのか」と心を煩《わずら》わせていたことを否定するつもりはない。しかし、だからといって、私にとって安倍さんの評価が低くなることなどは、些《いささ》かもない。すべてを総括して、安倍さんは本当にすごい政治家だったと思う。おそらく私が生きている間はもちろん、今後、百年、いや何百年単位で、これほどの政治家は日本には生まれてこないのではないか、とさえ思う。

それが「なぜなのか」は本文に譲るが、私は安倍さんなき日本で今ほど「リーダー論」が必要なときはないように感じるようになった。それは「このまま安倍さんが忘れ去られてはならない」という思いとも共通する。

安倍さん自身のリーダー論はすでに多くの論評がある。安倍さん自身の回顧録もその助けとなるだろう。

だが、安倍さんが世界のリーダーになり得たのは、日本には安倍さん自身が「範」とした多くのリーダーがいたからであることを忘れてはならない。政治家、経済人、軍人、文化人……さまざまなジャンルに、日本には多くの優れたリーダーが存在した。

今こそ、その世界に誇るべき日本のリーダーを振り返るときではないか。そんなことを考えるようになったのである。そこから生まれたのが本書である。

実際に、自衛隊の統合幕僚長として安倍さんに仕え、陸・海・空のトップの地位にいた河野克俊氏との「リーダー論」が本書である。安倍さん自身が「この人だけは……」と信頼し、三度の定年延長をおこなわせて、実に四年半にわたって統合幕僚長を務めた河野さんとの対談は、示唆と刺激に富み、なにものにも代えがたいものとなった。

共通する価値観を持つもの同士の会話は本当に楽しい。特に、若輩の私のようなものにでも、ユーモアを交えながら、実に柔らかく、にこやかに展開してくれる〝河野節〟は、私にとって〝気づき〟の連続となった。こんな幸せな時間を持たせていただいた河野さんに、心から感謝する次第である。

しかし、安倍さんを高く評価する私たちとは裏腹に、安倍さんが亡くなった途端、たとえば、「性同一性」と「性自認」の区別もつかないような政治家たちによって、LGBT理解増進法案なるものが再浮上したり、安倍さんが推進した韓国に対する「戦略的放置」という政策をぶち壊す政治家が出てきたり、日本が「崩壊の一途」を辿《たど》っているのも事実である。

そんな風潮に抗する意味でも、本書の「リーダー論」を安倍さんと共に記憶していただければ、これほど本望なことはない。

本書はWACの仙頭寿顕出版編集長とフリージャーナリスト菅原昭悦氏の丹念な編集力によって日の目を見たものである。この場を借りて、心より御礼を申し上げる次第である。ありがとうございました。

身は朽ちても、日本を思う心では人後に落ちなかった安倍さんをはじめ、日本の数々のリーダーたちのことを是非、忘れないで欲しいと願う。

令和5年春

門田隆将

# リーダー3つの条件

## 世界でリーダーシップを発揮した安倍総理に学ぶ

目次

## 第二章 敗戦後の日本を救ったリーダーたち（吉田茂・岸信介・石原慎太郎） 61

## 第五章　経済と安全保障を考えるリーダーよ、出でよ！　209

取材協力／菅原昭悦
装幀／須川貴弘（ＷＡＣ装幀室）
ＤＴＰ／有限会社メディアネット

# 第一章

# 国難を救った安倍晋三に学ぶ
# 政治リーダーの本義

## リーダーに求められる「3つの条件」とは何か

**門田**　私は安倍さんが亡くなって崩壊の道を歩む日本をなんとしてもとどめたい日本人の一人です。あらゆる分野で安倍さんが押しとどめていた諸問題が火を噴《ふ》いています。具体的にはこれから述べさせてもらいますが、自衛隊の統合幕僚長を三度も定年延長をして、2014年から2019年まで4年半近く務め、安倍晋三内閣時代の国防政策の一翼を担った河野さんに、まずは、「リーダーの条件とはなにか」をお伺いしたいと思います。

**河野**　リーダーといえば、会社なら、まずは会社の組織を引っ張っていく人ですよね。ということは、まず、組織をどのような方向に持っていきたいかという目標を部下に明確に提示できる人でなくてはならないと思います。そうでないと組織は動きませんから。

そして、その目的を達成するために、自分自身が絶対的な強い信念・意志を持っていることが必要になる。

さらには、その信念・意志に基づいて目標を達成するためにリーダーシップを発揮していくわけですが、最終的にはそれによって生じた一切の結果に対してきちんと責任を取る覚悟があるということです。

この3つのリーダーの条件のうち、一番大事なのは、最後の責任感ですね。この気持ちがないと、リーダーにはふさわしくないと思う。国家の指導者、首相でも、同じことが必要だと言えます。

拙著『統合幕僚長　我がリーダーの心得』（ワック）でも述べていますが、シンプルにまとめるとこうなります。

1　組織に対して目標を明確に示す。
2　その目標を達成する強い意志を持つ。
3　結果に対して責任を取る。

**門田**　なるほど。私も『リーダーの本義』（日経BP社）という本を書きましたが、ホンモノのリーダーとは、本来の使命、すなわち「本義」に忠実に生きる人たちのことですからね。「目標」を持ち、その目標を達成する「強い意志」を持ち、結果に対して「責任」を取るというのは、たしかにリーダーの必須の条件だと思います。

『リーダーの本義』では、2011年東日本大震災による原発事故で事態収拾に奔走した吉田昌郎・福島第一原発所長をはじめ、終戦時、内蒙古に取り残されかけた邦人の命を救い、戦後は「台湾」を救った根本博・陸軍中将等々に触れていますが、いずれもリーダーとしての本義をわきまえて、これらの目標・意志・信念を持った人でした。

根本さんのことについてはあとで詳しく触れますが、根本さんにせよ、河野さんにせよ、国を守る軍隊という組織で、そのリーダーともなれば、目標・意志・信念は明確で、それを実施する力もある。同じことは企業経営者や政治家にもあってしかるべきなのですが、最近の日本では、そのリーダー像がもうグジュグジュになってしまいましたね。

『リーダーの本義』を書くきっかけになったのも、原発事故のあと、東京電力の大幹部に取材した時、「東電の本義とは何ですか？」と尋ねたところ、「はい、電気を安定的に供給することでございます」と言うものだから「それは違うでしょう。それは業務であって本義ではありません」と大論争をしたのがきっかけだったんです（苦笑）。

**河野**　豪雪地帯で、停電で困っている人たちが「電気を！」と言う姿を見れば、一刻も早く復旧をするのは電力会社としては当然の業務でしょうね。

**門田**　それはそうなのですが、電力会社のような公共性が極めて強い企業体にとっての本義は、電力を安定的に供給することはむろんのことですが、それよりもさらに大きな「国民の命を守る」ということにある。「それが電力会社の本義でしょう」と言うと、その幹部はびっくりしたような顔をしていましたね。

原発事故でもわかったように、「国民の命を守る」ことは、東電にとって最大の使命、つまり本義なのです。しかし、「そんなことは初めて言われました」という幹部がほとんどでしたね。

同じことは政界にもいえます。政治家のトップである首相にしても、自らの「本義」がわかっている人はほとんどいない。２０２２年7月8日、不幸にして暗殺された安倍晋三さんはその「本義」がわかっている数少ない政治家でした。

国家観、歴史観があり、「日本はこうでなければならない」という強烈な信念と使命感があったと思います。その意味で河野さんのおっしゃる「３条件」をすべて備えていたと思います。

## 財務省の言いなりになるか、否か

**門田**　しかし、岸田文雄首相はどうか。残念ながら、それがまったくない。あったのは、ただ、「総理大臣になりたい」という目標だけです。それは実現したけれども、河野さんの「３条件」の中の何があるのか、というとお寒いかぎりです。

たとえば、防衛費を増大するのはいいとしても、そのために岸田首相は「１兆円の増税」

を言い始めた。しかも「なんでも検討」の岸田さんが財務省の意向通り、検討も根回しもないまま、いきなり政府与党連絡会議で「これで1週間以内に決めよ」ですからね。主権者である国民に従わなければならないはずなのに、逆に国民を苦しめる財務省の言いなり、いわば「飼い犬」であることが明らかになってしまったわけです。

高市早苗経済安全保障担当相や西村康稔経産相など〝積極財政派〟、つまり増税反対派は、自分の所掌《しょしょう》の分野が関わっているにもかかわらず、増税を打ちだしたこの政府与党連絡会議から外されました。

しかし、高市氏は「企業が賃上げや投資をしたらお金が回り結果的に税収も増えます。再来年以降の防衛費財源なら景況を見ながらじっくり考える時間はあります。賃上げマインドを冷やす発言をこのタイミングで発信された総理の真意が理解出来ません」、西村氏は「今年の税収は過去最高68兆円。今後5年間は大胆な投資・賃上げに集中し、成長軌道に乗せて税収増につなげるべき時。5年間が経済再生のラストチャンス。大変革期の中、バブル期に匹敵する企業の投資・賃上げ意欲の高まりに水を差すべきではなく私自身増税には慎重な立場です。政府内でも主張しています」と、それぞれツイートで反対の狼煙《のろし》を上げました。

財務省に言われたら、こんな姑息《こそく》なやり方で増税をGOしようとする首相に国民が怒らないはずがありませんよね。自民党の積極財政派も激怒して「師走の大混乱」となったのはご承知のとおりです。30年間も「緊縮失政」を続けてきた〝戦犯〟である財務省の言うことを聞くこと自体、私には理解不能です。日本をG7の〝最貧国〟にした張本人ですからね。

私は、この財務省の失政を岸田さんはどう分析しているのか、本当に聞いてみたいですよ。あの防衛増税騒動を河野さんはどう見ておられましたか。

**河野**　私は経済に関しては素人なので増税論議に関してはちょっとコメントのしようがないのですが（苦笑）。

**門田**　いま増税をしたら、世界から嗤《わら》われている緊縮失政を、これからも続けることになります。『安倍晋三回顧録』（中央公論新社）には、安倍さんの言として財務省の横暴が直接書かれています。消費税率10％への引き上げ延期をした安倍さんと、それに反対した財務省。安倍さんは「政権批判を展開し、私を引きずり下ろそうと画策。彼らは省益のためなら政権を倒すことも辞さない。増税先送りの判断は、必ず選挙とセットだった。そうでなければ、倒されていた」と。ここまで財務省は強いのか、と思いますよね。岸田首相が言いなりになるのも仕方がないのでしょうか。

緊縮財政を続けて、日本経済がトンでもない惨めな状態になり、その責任を岸田さんが一身で被る覚悟があるのならまだ分かります。しかし、その覚悟もなく、「これまで25年間の財務省主導型の緊縮財政」を今後も続けるなんて正気の沙汰ではありません。

これ、中学生にだって、わかりますよね。こんな国家観も信念もないリーダーに率いられる日本の哀れさというか、こういう人を選んでしまう国民もそうですが、それでいいのかということで、今回の企画が誕生したんじゃないでしょうか（苦笑）。

## 「安保3文書」の問題点とは？

**門田**　ところで、2022年は、ウクライナへのロシアの侵略（2月）や安倍さんの暗殺事件（7月）など、大変な年でした。安倍さんが亡くなって以降、岸田首相は口では「安倍路線の継承」を言いながら、正反対なことをやってきました。通常国会や参院選で忙殺された閣僚たちに故郷に錦を飾らせてあげるために「内閣改造はお盆のあとにする」との安倍さんとの約束を岸田さんは反故にし、旧統一教会問題を利用して「お盆前に」内閣改造をおこないました。これを筆頭に安倍さんの死後の半年間は、本当に裏切りの連続でしたね。

ことに財務省主導で有識者会議をつくらせ、防衛費GDP比2％の〝骨抜き〟を目指し、海上保安庁予算や科学研究費、港湾ほかインフラ整備費まで「総合防衛費」という名のもとにブチ込み、形だけの２％達成というトンでもない財務省構想が明らかになりました。前防衛相の岸信夫氏が「真水の防衛予算増を！」とツイートしたことが話題になったほどです。

しかし、この〝裏切りの内閣改造〟が岸田さんにとっては、最悪の事態を生みましたね。結局、４人の閣僚が不祥事を起こして更迭される有様で、国民から完全に〝ノー〟を突きつけられることになりました。これは、安倍さんの怒りによるものではないですか。岸田首相は「アベノミクスの完全否定」をやっているわけですからね。

**河野**　やはり、去年７月に安倍さんが暗殺されて亡くなったことによって、日本に於ける「リーダー不在」がクローズアップされるようになったのではないですか。

**門田**　実は、私は「安保３文書（「国家安全保障戦略」「国家防衛戦略」「防衛力整備計画」）について も大いに不満があるのですが、まず河野さんはこれをどう分析されておられるのか、お聞かせいただけますか。

**河野**　これらの文書で、「反撃能力」という言葉が出てきます。自衛隊が攻撃力を持つことに初めて踏み込んだ点で、大きな一歩だったと思います。これまでは「矛《ほこ》」の役割は米軍に任せ、自衛隊は「盾《たて》」に徹してきた。しかし、米国の国力は相対的に落ちている。厳しい安全保障環境の中で自衛隊の役割を拡大することは、日米同盟の強化にもつながるので評価できると思います。ただ、反撃能力の行使は日米共同のオペレーションになります。日本は長射程のミサイルを持つことになっても、それだけでは完結しません。目標情報の把握や打撃効果の判定なども必要になりますが、その部分の能力は未熟です。今後も、米軍との密接な連携がカギを握ることになります。要は、「盾」も「矛」も日米共同で行う時代になったということです。

また、あとでも触れますが、「統合司令部」の常設も決まった。これまでは弾道ミサイル防衛、離島防衛、大規模災害などのたびに統合任務部隊を編成する態勢だった。指揮官もその都度任命されていました。そういうやり方より、指揮官やスタッフ同士が常に顔を突き合わせて統合作戦を練る態勢の方が効率は高まります。

ほかにも、継戦能力や防衛産業の強化なども打ち出されています。今後5年間の防衛費を43兆円としたことは、同盟国などへの前向きなメッセージになります。各方面に目配りが利いた内容だと評価できます。

**門田**　なるほどプラス面は大いに評価していいですよね。しかし、欠陥もありますね。

**河野**　あえていうなら、「専守防衛」が今回もそのまま維持されたことはちょっと……。日本が国際紛争を解決する手段として武力を行使しないのは当然ですが、攻められた後の戦術面にまで制約を課すのはどうなのかと思います。現行憲法でさえそこまでは要求していないのではないか。攻撃力の保有に踏み切ったこの機会に、専守防衛の概念も整理もしてもらいたかったですね。「専守防衛」のスローガンは掲げ続けていいのですが、その内容、概念を再整理してほしかった。

**門田**　そうですよ。ほかにも、基本部分にある「非核三原則の堅持」という問題と、中国の弾道ミサイルのＥＥＺ内への着弾を「地域住民の脅威」にしてしまったという問題があります。

「非核三原則の堅持」について言えば、なぜ「核不拡散条約の遵守」だけにしなかったのか。「持たず、作らず、持ち込ませず」という非核三原則は日本にしかありません。核不拡散条約（ＮＰＴ）に参加している国は、「持たず、作らず」を守らなければなりません。唯一の被爆国であると同時に敗戦国でもある日本は、当然、核を作ることに対して国民のコンセンサスが得られることには極めて高いハードルがある。

しかし、現実に日本国民の命の脅威となっている核に対して「抑止力」がなくていいのか。同じ敗戦国のドイツやイタリアは、核シェアリングによって核抑止力を保持している。しかし、日本は「持たず、作らず」に加えて「持ち込ませず」を課し、自ら核抑止力を放棄しているのは周知のとおりです。なぜ核シェアリングができないのか、というのは非核三原則があるからです。

「持ち込ませず」さえなくせば、アメリカの大統領ととことん話し合い、米原子力潜水艦の核抑止力を共有することまで持っていけるかもしれません。いうまでもなく相当な覚悟で説得しなければなりません。「日本を攻撃するということは、米本土を攻撃することと同じと見なす」ということまで言ってもらわなければなりませんからね。そこまでの気迫で米大統領を説得する信念とパワーがあるか否か。

もしこれに成功すれば、将来的に、米の核弾道ミサイルを日本国内の米軍基地に配備することすら見えてきます。つまり、自分で核を保有せずとも、核シェアリングによって核抑止力を格段に上げることが可能だということです。今回の安保3文書は冒頭の基本部分に「非核三原則の堅持」が入ってしまったので、こういう核抑止力を自ら捨てたことになります。これが残念です。河野さんは、このことについてどう思われますか。

**河野**　米国はＩＮＦ条約によって核弾頭搭載可能な地上発射型中距離ミサイルを破棄しました。ところが、トランプ大統領が、「ロシアがいかさまをしている」として、ＩＮＦ条約を破棄して、中距離ミサイルの開発を再開しました。対中軍事バランスを埋める観点から、いずれ中距離ミサイルの日本への配備を要請してくると思います。その際には、米中対立の最前線に立つのは我が国ですから、我が国の安全保障の問題と捉える必要があります。そこで、配備を受け入れる条件として、撃つ、撃たないの決定に日本の意志が介入できるシステムを要求すべきです。そういう意味の日本型核シェアリングです。そうすれば、中国としては核については日本は関係ないと思っていたところが、日本も核のプレイヤーになることで、計算が複雑化し、その結果、抑止力が高まります。となれば、当然「核を持ち込ませず」は放棄し、非核2原則ということになります。

**門田**　おっしゃるとおりだと思います。国民の命を守るために、岸田首相にも「現実的」になって欲しいですよね。もう一つは、中国の弾道ミサイルのＥＥＺ内への着弾（二〇二二年八月）を「国家の脅威」ではなく「地域住民の脅威」にしてしまったことです。これは、中国の代弁者である公明党の抵抗によるものでした。公明党の北側一雄副代表は記者会見で、わざわざ「先島諸島の人たちが、すぐ近くにミサイルが落下したから、脅威と感じたという事実を書いている。ここは〝対中認識〟を示した部分ではない」と強調しました。どこまで〝中国サマ〟のために働くのか、と呆れますよね。なぜ自民党側がここまで譲歩するのか、理解に苦しみます。

**河野**　私も公明党が、なぜ、そこまで対中配慮をするのかが理解できません。

**門田**　内閣で「核不拡散条約の遵守」だけでいい、と主張したのは高市早苗大臣だけでした。現実派が高市さんしかいないというのは、極めて不幸なことです。

## アベノミクスの功罪について

**門田**　ともあれ、安倍さんの外交・防衛政策に関しては、私はとても尊重していますが、経済政策、アベノミクスに関しては、問題がありました。首相在任中に、2度も消費税を上げた。前述したとおり、2014年に5%から8%に上げた。それが日本経済にとってどれだけマイナスになるか、そのことを分かっているはずなのに、またやってしまった。要するに、安倍さんといえども、財務省の存在、いや財務大臣である麻生太郎氏のことを無視できなかったわけです。先の『安倍晋三回顧録』での財務省への批判もそうですが、これに加えて盟友・麻生太郎氏の存在もありましたね。安倍政権は、二階幹事長と麻生財務相という二つの派閥を主流派に取り込むことによって政権基盤が揺るぎなかったわけですから、その弊害は当然、出てきたわけです。

**河野**　2012年6月の民主党政権（野田佳彦内閣）のときの民主党・自民党・公明党の三党合意がありましたよね。社会保障と税の一体化改革に関する合意で、社会保障の安定財源を確保するために、消費税を上げるということが盛り込まれていた。それは無視することは困難だったという事情はある。

**門田**　２０１４年はそうですよね。しかし、２０１９年10月はそうは思いません。まったく不必要な消費増税でした。あの時は、景気減速中に消費税を10％に引き上げてしまったんですからね。

**河野**　もっとも、それまでに2回にわたって延長し、財務省の方針には抵抗してますね。

**門田**　でも、引き上げた直後、２０２０年になってからは、中国の武漢発のコロナ禍が発生し、ああいう形で辞任することになってしまった。コロナがなければ、との思いはありますが、どちらにせよ、消費税の２度にわたる引き上げ、特に２０１９年は完全に失策でした。

## 安倍談話、安保法制成立、国家戦略構築でリーダーシップを発揮

**河野**　２０２２年2月にウクライナ戦争が勃発し、それまでの日本の対露政策、とりわけプーチンとの対話をかなりやってきた安倍外交に関しても、いろいろと批判がされましたね。

**門田**　対露政策に関しては、功罪相半ばするものがあると思います。安倍首相から直接うかがったこともありますが、ロシアを中国のほうにくっつけないためにもプーチンとの会

談を頻繁にやっているのだ。その意味では、領土問題解決のためもあったにせよ、プーチンとの首脳外交をやった意義はあったと思います。でも、本当に北方領土が返還されることになると考えていたのか。

**河野**　二島（歯舞群島・色丹）先行の返還はありうるとは考えていたのでは？

**門田**　いや、二島先行もあり得なかったと思います。それをやれば、プーチンといえど政権が吹っ飛びますよ。それでも、二島返還があり得ると思わせたあたりはプーチンは強《したた》かだったといえますね。でも、安倍さんが凄いのは、外交戦略として、日本独自の「自由で開かれたインド太平洋構想」を打ち出し、それをアメリカやオーストラリアやインドが受け入れて、日米豪印四カ国の首脳・外相による安全保障や経済を協議する枠組みである「Ｑｕａｄ（クアッド）」を作ったことです。

**河野**　こういう戦略的外交を展開するセンスを持っていた政治家は、過去にはいなかった。サンフランシスコ講和条約を締結した吉田茂、日米安保改訂に政治生命を掛けた安倍さんの祖父の岸信介や、沖縄返還を実現した佐藤栄作や、対ソ強硬論を展開し、防衛費のＧＤＰ１％見直しを実施した中曽根康弘はそれなりの日本独自の戦略的外交をやったといえます。

でも、安倍さんは戦後生まれであっても、日本の歴史というか、近現代史をよく勉強していて、そうした過去の大宰相を上回る実績を残しました。2015年8月の戦後70年目の安倍談話にしても、戦後50年目の1995年の村山談話の上書きをして、日本の将来の世代に謝罪を続ける宿命を負わせるべきではないとの認識を示し、それは国際社会に受け入れられた。日本の左翼は、自虐史観を未来永遠に日本人に植えつけたいと思っていたでしょうが、安倍談話によって、遮られたことでかなりショックを受けてましたね。その前には、朝日新聞が慰安婦報道の誤りを一応認めた。これも、安倍首相がずっと朝日批判を続けていた成果だったともいえます。

**門田**　冒頭、河野さんがいわれたリーダーの条件を安倍さんは備えていた。要するに、ちゃんとした国家観があって、それに沿って国家目標を明示した。そしてそれを実施するという意欲、指導力もあって、その結果、生じる責任も自ら引き受けた。安倍談話や慰安婦問題はもちろんのこと、朝日をはじめとするマスコミが猛反対した安保法制や特定秘密保護法などを制定・実現しただけでも、やはりすごいリーダーだったなと思います。

**河野**　戦後生まれの政治家の方で、安倍さんほど歴史認識がしっかりしている人はあまりいないのではないですか。やっぱり憲法の押しつけにしても、戦後レジームにしても、GHQによる「ウォー・ギルト・インフォメーション・プログラム（戦争責任周知徹底プログラム）」があったわけで、それによって作られた戦後日本の歩みは是正する必要があるという問題意識を持っていた。それは筋が通っていました。たとえば、防衛問題についても、第一次安倍政権の時に、防衛庁を防衛省に昇格した。教育基本法の改正もしました。

第二次政権以降は、まずはデフレ経済の脱却を第一に挙げつつも、改憲にも積極的姿勢を示し、その前段として安保法制の成立にも政治生命をかけて取り組んだ。集団的自衛権の行使にしても、公明党と連立政権を組んでいるために、安倍さんの思いが百％かなえられることはありませんでしたが、それでも、かなり前進した。その甲斐があって、今日の日米安保体制の強化やクアッドなどが実現したとも言える。

**門田** リアリストとして、徹底していましたね。そこは凄い。

**河野** さらに偉いのは、リアリストであると同時に、こうあるべきだという理想もあることです。そのうえで徹底した現実主義をとっていた。世の中には、理想を持たない現実主義者もいる。でも、理想のない現実主義っていうのは、えてして場当たり主義になってしまう。これでは困る。国家観とか人の教養を量る尺度は、やはり歴史をどれだけ知っているかどうかですよね。

**門田** しかも、知識だけでなく、歴史を如何に客観的に俯瞰《ふかん》して見られるかですよね。要するに、安倍さんをはじめ、戦後生まれの我々が、明治以降の近現代史や戦後史の勉強をするにあたって大事なのは、「俯瞰して見ること」と、「その場に身を置いて考えられるかどうか」です。たとえば、昭和12年7月7日に盧溝橋事件（盧溝橋一帯での日中両軍の軍事衝突。中国側が先に発砲して、日中全面戦争の発端となった事件）が起こりました。その3週間後の7月29日に通州事件（中国の通州・現北京市通州区において冀東《きとう》防共自治政府麾《き》下《か》の保安隊・中国人部隊が、日本軍の通州守備隊・通州特務機関及び日本人居留民を襲撃・殺害した事件。二百人以上におよぶ猟奇的な日本人殺害、処刑が中国人部隊により行われた）が発生した。その残虐さに対して、日本国民は怒髪天を突いて怒り、「支那、許すまじ」となって戦争が拡大していった。

歴史は「自分がそこに身を置いていたら」という観点で見なければなりません。あの国民の憤激の中、果たして戦線拡大を止めることができる指導者が誰かいただろうかと考えることも大事です。

**河野**　盧溝橋にしても中国側から先に発砲があったとか、通州事件にしても、一方的に向こうからやられたとなると、単に日中戦争は、日本が百％悪い、日本の侵略戦争だったということには必ずしもならない。当時のそうした時代状況や時代背景もきちんと認識しておくことも大事です。

**門田**　その点、安倍さんは、当時に身を置いて考えられる数少ない政治家だったと思うんです。ところが、戦後の歴史教育は、南京事件は教えても、通州事件は教えない。盧溝橋も先に発砲したのが中国側だという見方も教えない。それが「日教組教育だ」と言ったら元も子もありませんが、日本軍が中国での戦線を恣意的に一方的に拡大していった侵略戦争だと思い込ませる教育は反省すべきですね。

## 「窮民革命論」と「8・15革命説」はまだ生きている

**河野** 歴史認識の面で、日本の保守陣営は2つに分けられると思う。それは、昭和20年（1945年）で線を引く人と引かない人です。

昭和20年で線を明確に引く人は、戦後の日本は、民主的な軍隊である自衛隊を持ち、日米同盟があり、アメリカと友好関係を築き、正しい道を歩んでいると評価しつつも、戦前の日本は軍国主義でまったくダメな国だったと考える。保守の人にもそう考える人が結構いる。

でも、歴史って、そんなにスッパリと切断できるものではない。それは歴史に対する冒瀆です。歴史は水の流れのように、時には逆流が生じても、常に流れていくもので、昭和20年で線を引くなんてことはできない。戦前の歴史でも、日本軍にしても、悪い部分もあっただろうけど、良い部分もあったわけで、そのあたりは是々非々で冷静に判断検証していく必要がある。安倍さんは、少なくとも、歴史認識においては、昭和20年8月15日で線を引くことによって判断基準とするようなことはしなかった。私もその点は同感です。でも、こういう風に、「1945・8・15」で、日本は生まれ変わったという説を唱えた東大教授がいましたよね。

**門田**　宮沢俊義の「8・15革命説」ですね。要は、1945年（昭和20年）8月15日に、ポツダム宣言を日本が受諾した時、日本で革命が起こり、天皇主権から国民主権に移ったという考えです。マッカーサーらによって押しつけられた日本国憲法も、日本の議会で審議されて誕生したのであって、問題はないということになった。

**河野**　東大法学部で一番偉い憲法の先生が、日本国憲法の制定にお墨付きを与えた形になったわけです。その学説は、いまだに東大法学部において教えられ続けているそうですね。

**門田**　その学説を鵜呑《うの》みにして公務員試験に通って高級官僚になっていく。その中には自民党の政治家になる人もいる。戦前の日本は悪いことをした、中国や韓国をはじめとするアジア諸国に迷惑をかけた、その反省から出発しなくてはいけない、つまり「すべて日本が悪い」と考えるわけです。いわゆる「東京裁判史観」に浸《ひた》りきるわけです。

左翼・過激派の思想も変遷を重ねます。日本経済が成長期に入り、どんどん経済規模が大きくなってくると左翼は中流化していく国民の中で基盤を失っていきます。理論的支柱である太田竜が「窮民《きゅうみん》革命論」を打ち出したのは左翼が追い詰められてきたことを物語っています。琉球、アイヌ、被差別部落などを中心に革命勢力を再組織する考え方が当時、大いに受けたのは日本の経済発展と国民の生活向上が無縁ではありません。

太田の著書『辺境最深部に向かって退却せよ!』(三一書房)を読み、太田が唱える「窮民革命論」に同調し、「反日亡国論」を唱えるようになったのが、北海道庁爆破事件の犯人として死刑判決が確定している大森勝久です。アジア侵略への反省からスタートしたはずの戦後日本が北爆(北ベトナムへの爆撃)を始めた米軍に協力し、ベトナムの人々を苦しめていることが許せない、また、差別を受けている人々は救済されるべきだと考え、そんなことを続けている日本は滅ぶべきだというのが「反日亡国論」です。

これを受けて、分裂を重ねながらも、過激派は日本国の建国や日本民族による歴史や天皇制度そのものも否定し、その絶滅を主張するようになるのです。

**河野**　「窮民革命論」について、もう少し詳しくお願いします。

**門田**　一般の労働者は高度経済成長によって豊かな生活が享受できるようになったことで革命への意欲を失ってしまったというのが左翼の課題になっていたのです。革命の主体になりうるのは、疎外された「窮民」(ルンペンプロレタリアート)であり、そういう人たちは、アイヌ民族、日雇い労働者、在日韓国・朝鮮人、沖縄人であり、そういう「窮民」によって革命を起こし、「日本国を倒そう」ということです。

この手の考えに染まっている人は、今も日本のマスコミの中にたくさんいる。というよりも、代をつないで、先輩から後輩へ、さらに後輩へ……という風に新聞社などでも、これを受け継いできたのです。だから、安倍さんの暗殺のあとも、国葬儀に反対し、「安倍は旧統一教会とズブズブの関係だった」とフェイクニュースを流し続けた。ズブズブどころか、安倍さんは、実際には統一教会の「天敵」でした。

民主党から政権を奪取し、第二次安倍政権をスタートさせた安倍氏は4カ月後の2013年春にはもう「消費者裁判特例法」を閣法（内閣提出法律案）として成立させています。これは霊感商法などの被害者が泣き寝入りするのではなく、消費者団体等が被害者になり代わって訴訟をおこなえるという画期的なものでした。それまでは被害に遭っても、弁護士を探してわざわざ訴訟をする人など、ほとんどいなかった。しかし、霊感商法をはじめ、悪徳商法を許せなかった安倍さんが、わざわざこういう法律をつくったわけです。

これは旧統一教会の霊感商法に決定的な打撃を与えました。さらに2018年には、霊感商法などを、契約後に取り消せるように消費者契約法の改正もおこなっている。これも内閣提出の〝閣法〟ですよ。もし、ズブズブなら、なぜ旧統一教会に致命的な打撃を与えるそんな法律を安倍さんがつくるんですか？　こういう真実をマスコミはほとんど報じなかった。あまりに意図的で、呆れましたね。

そういったマスコミが垂《た》れ流す反安倍の世論工作に乗って、自民党の村上誠一郎議員は、安倍さんが暗殺されたあと、国葬に反対し、安倍氏についても「財政、金融、外交をぼろぼろにし、官僚機構まで壊した。国賊だ」と批判した。これも驚きでした。

**河野**　あとでその発言を否定しましたが、『自民党ひとり良識派』（講談社現代新書）という本を書いて安倍批判をしていた議員ですね。「文藝春秋」（2017年8月号）にも起用されて、巻頭で〝「ミスター自民党」が安倍政権に諫言《かんげん》する〟なんて文章も書いていました。

## 病に倒れる寸前の訪印で中国を抑止することに成功

**門田**　ともあれ、安倍さんは、河野さんのおっしゃるとおりに、リーダーとして必要な3つの資質（目標設定・達成するための信念・責任感）を全部備えていて、そして近現代史にも詳しくて、中国や韓国の仕掛けてくる歴史戦にも勝とうという思いがものすごく強かった。そこで、重要になるのが、第一次政権の最後の場面です。参議院選挙（2007年7月）に負けて、病気も悪化していた時、インド訪問をなんとかこなした。向こうでの食事でさらにお腹の調子を悪くしながらも、のちに有名になる演説「二つの海の交わり（Confluence of the Two Seas）」を8月22日にインド連邦議会でしました。

冒頭、安倍さんはこう語りかけた。

「さて、本日私は、世界最大の民主主義国において、国権の最高機関で演説する栄誉に浴しました。これから私は、アジアを代表するもう一つの民主主義国の国民を代表し、日本とインドの未来について思うところを述べたいと思っています」

インドを「世界最大の民主主義国」と呼びかけたものだから、インドの人たちがびっくりした。「え？　私たちは世界最大の民主主義国家だったの？」と。

**河野**　人口では、当時も今もまだ中国の次ですが、まもなく中国を超えると言われています。中国は選挙もなにもない非民主主義国家だから、インドが確かに世界最大の人口を抱える民主主義国家です。

**門田**　そうです。中国国家統計局は、2022年末時点の人口が前年から85万人減少したと発表し、人口減を公式に認めましたから、すでにもう抜いているかもしれない。そしてこの演説で、「インド洋と太平洋という二つの海が交わり、新しい『拡大アジア』が形をなしつつある今、このほぼ両端に位置する民主主義の両国は、国民各層あらゆるレベルで友情を深めていかねばならない」と訴えた。

安倍さんはこの演説を通じて、当時のシン首相の心をつかみ、第二次安倍政権時代には、モディ首相と事実上の盟友関係を構築していくことに成功しました。

**河野**　そのあとで、第二次安倍政権の時にケニアのナイロビで開催されたアフリカ開発会議（2016年）で、「自由で開かれたインド太平洋」構想を正式に発表したのが決定的でしたね。その結果、アメリカが「太平洋軍」の呼称を「インド太平洋軍」に変更した。日本の安倍首相が提唱した戦略を、アメリカが自国の軍事外交戦略に受容したわけですから凄いことです。

**門田**　2007年の「二つの海の交わり」、そして2016年の「自由で開かれたインド太平洋構想」によって、英国、フランス、ドイツもインド太平洋、そして日本にまで艦艇を派遣するようになった。これも、安倍さんが「地球儀を俯瞰《ふかん》する外交」を掲げて積極的に外遊したからこそです。訪問先の各国で中国共産党が支配する中国という国の問題点、脅威を粘り強く訴え続けた。それまでは、経済大国となった中国と「普通にやっていける」と思いこんでいた国がほとんどでした。中国の本当の姿を知らない国が多いですからね。

アメリカだって、WTO（世界貿易機関）に中国が加盟することを、あと押ししましたからね。大きな過ちは、中国も豊かになれば、徐々に民主化していくと思い込んでいたことです。民主党のオバマ大統領なんか典型的だったし、世界中がそう信じていたわけです。

しかし、安倍さんが、そういう国々の首脳一人一人に対して、「中国共産党の本質をご存じないでしょう」と丹念に各戸撃破で説明していきました。やがてウイグル問題や武漢発のコロナ禍が発生し、「中国の本質が見えてきた。安倍の言っていたとおりだ」と多くの国々が気づくようになった。

インドと同じく、クアッドの一員となったオーストラリアだって、第二次安倍政権の初期のころまでは、保守党政権であっても中国とズブズブの関係だった。保守党から労働党に2022年に政権が変わりましたから、これから先が心配ですが、それでも中国に対する警戒感は維持されていますね。

**河野**　アメリカでもかつては親中（パンダハガー）だった国防総省顧問を務めたこともあるマイケル・ピルズベリーが転向して『China 2049』（日経BP社）を書いて、中国が「過去百年に及ぶ屈辱に復讐すべく、中国共産党革命百周年に当たる2049年までに、世界の経済・軍事・政治のリーダーの地位をアメリカから奪取する」ための工作をやっている事実を指摘し警鐘をならしていました。

**門田**　トランプ政権になって、トランプ本人はむろんのこと、副大統領のペンスや国務長官のポンペオなどが、手厳しい反中演説をやったのも安倍さんの外遊説得工作の成果なんですよ。

**河野**　もし安倍さんが、第一次政権が倒れる直前、病をおしてまでインドを訪問しなかったら、今の国際情勢は大きく変わっていたかもしれません。

また二度目の総裁選出馬（2012年9月）を決断しなかったらこれまた大変なことになっていた可能性が高い。あの時は、安倍さんが属していた派閥・清和政策研究会の長である町村信孝さんが出馬するということで、安倍さんは逡巡していた。

**門田**　そんな彼を出馬すべしと銀座の焼鳥屋で説得したのが、菅義偉さんでしたが、実はその前にも政治評論家の三宅久之さんと金美齢さんが総裁選出馬を促す決起文を安倍さんに直接手渡していました。これで安倍さんの気持ちが動いたんです。

安倍晋三総理大臣を求める民間人有志による緊急声明

今、わが国は内外の脅威にさらされ、幕末と同様の国家的危機にある。これを乗り越えるには、安倍晋三総理大臣の再登板しかない。この強い思いを安倍晋三氏に託し、この緊急声明文を発表する。

1. 戦後最悪の国難を打開するには、安倍晋三氏再登板しかない。
日に日に過激さを増す周辺諸国の挑発外交に歯止めをかけながら日本の国益を追求するという、強さとしたたかさ、そしてバランス感覚を兼ね備えた外交をできる人物は、安倍晋三氏しかいない。

2. 今、首相経験者こそが求められている。
民主党政権の三年間にわたる「素人政治主導」により混迷する国政をすみやかに回復できる人物は、首相として短期間ながら多くの実績を残した安倍晋三をおいてない。

3. その場しのぎでない、足元の揺るがぬ政治を!
民主党政権は、日本の危機を救うどころか、それを招いた張本人である。だが同時に自民党にも責任はある。これまでの自民党政権は、理不尽な野党、マスコミ、海外勢力に対して、その場しのぎの場当たり的対応を行ってきた。今こそ古い政治に決別し、明確な国家観に基づいた新しい政治を行うべき時に来ている。前回の政権時「戦後レジームからの脱却」を掲げ、この場当たり政治への決別に挑戦した安倍晋三氏が、再度手腕を発揮すべきだ。

4．政界再編の旗頭として。

自民、民主の二大政党のどちらも党内において政策面での対立をかかえている中で、「健全な保守」を軸とした政界再編こそが日本政治再生のカギであり、われわれ一般国民が求めているものである。「平成の保守再編」の旗がしらとなりうる人物は、安倍晋三氏をおいてほかにない。

5．終わりに、あえて安倍晋三氏に申し上げたい。

参議院選挙での大敗、そしてその後の総理辞任に対する自責の念にもとづく5年にわたる安倍晋三氏の言い訳をしない言動は、清くはあった。しかし、辞任の原因となった難病も、新薬により克服され、万全の体調であると聞く。国難の今、最早過去にこだわっているべき時は過ぎた。日本の国力がこれ以上損耗する前に、一刻も早い再登板が是非とも必要だ。今こそ国家国民のために、堂々と再起を宣言されることを、強く願うものである。

これは三宅さんが書いたのですが、二人で安倍さんに手渡す時に金さんが安倍さんに

「安倍さん、これ、声を出して読んでください」と言って、安倍さんがそれを読むわけです。するど、途中から安倍さんの声が震え出した。そして、読み終えると、万感の表情になったそうです。壮烈な場面ですよね。でも、この時点では、安倍さんは総裁選レースでまだ泡沫候補扱いでした。

**河野**　石破茂議員や石原伸晃議員が有力候補だった。

**門田**　ところが、当時、維新の橋下徹が人気絶頂だった時で、彼が自民党の政治家で話が通じるのは安倍さんだけだと発言して、急遽安倍さんの評価が上がりました。また、高市早苗さんが、派閥の会長（町村）を応援しないで安倍さんを応援するのは「道理に反する」といって派閥を離脱した。彼女だけが筋を通したわけです。そんなさまざまなことがありました。結果は、決戦投票で石破氏を破って安倍さんが総裁に選ばれ、そのあとの総選挙で自民が大勝して政権を奪還した。

**河野**　あのときの安倍さんの出馬決断が日本の命運を大きく左右しましたね。まだ復帰するのは早いから3年後の2015年の総裁選挙に出るほうがいいという声も強かった。ここで負けたら、政治生命を失うからと。

**門田**　でも、安倍さんの決断のおかげで、あの悪夢の民主党政権を終わらせることができた。そして第二次安倍政権が発足すると、「危機突破内閣」ということで、小野寺五典さんを防衛大臣に任命し、すぐに自衛隊の役割を強化し、抑止力を高めるため、日米防衛協力ガイドライン等の見直しを検討させていった。民主党政権で「戦後最悪」となった日米関係の修復に入り、同時に安全保障の態勢を固めようとしたわけです。

この時の日米交渉もまた歴史に残るものです。日本の民主党政権に辟易していたアメリカは尖閣の防衛にも一歩、引いていました。そのアメリカに対して、「この小さな島をめぐって中国との間に紛争が起これば、世界の株式市場は大暴落ですよ。世界は、かの大恐慌時代のようになりかねません。しかし、アメリカがきちんと〝この島は日本の完全な領土。日米安保条約第5条の適用範囲内だ〟と表明してくれれば、そんな事態は避けられるのです」と安倍さんや小野寺さんが説得して、アメリカの関与を取り戻した。そして、日米ガイドラインの見直しへ進んでいきました。

**河野**　そういう目標を安倍さんはきちんと設定し明示した。その結果、日米防衛協力のための指針（ガイドライン）の18年ぶりの改定と、それを裏付ける安全保障法制の整備をやってのけた。ガイドライン関連の共同文書には、米軍の日本防衛の義務を定める安保条約第5条の範囲に沖縄県・尖閣諸島が含まれると明記しました。その成果が、今日に生きているわけです。

## トランプ懐柔からウクライナ戦争まで

**門田**　このように見ると、第一次安倍政権で参院選に大敗し、病気も悪化して退任必至の時に、ぎりぎりで訪印してインド国会で演説した「二つの海の交わり」（2007年）から始まって、「自由で開かれたインド太平洋」構想を正式に発表（2016年）することによって、欧米諸国など自由世界の国家戦略まで大きく変化させ、さらには危機に立っていた尖閣をアメリカの関与で押し戻した。すべて、日本の国益に合致することです。日本の首相が自国だけでなく世界のリーダーシップを発揮するなんてあり得ないことで、私はその点において、安倍さんを評価しています。

**河野**　「コロンブスの卵」じゃないけど、アメリカも、安倍首相に「自由で開かれたインド太平洋」といわれて、「あっ、そうだな」と思ったわけです。だって、ハワイにあった「太平洋軍」にしても、太平洋軍はむろんインド洋も守備範囲でしたから。安倍さんの構想に基づいて、その「太平洋軍」を2018年に「インド太平洋軍」に名称を変更しました。

**門田**　安倍さんのそういう地球儀を俯瞰する外交のおかげで、安倍さんを歴史修正主義者だと警戒していたオバマ大統領も徐々に心を開き、2016年5月の伊勢志摩サミットの時に、被爆地広島を訪れることにもなった。

**河野**　オバマのあとに大統領になったトランプは、選挙前には「日本は駐留米軍の経費を百％払うべきだ。そうしないならアメリカ軍は撤退する。その代わりに核武装を許してやろう」などと放言していた。どうなるかと日本は心配していたのですが、トランプが当選した直後、安倍さんは急遽アメリカに飛んでトランプさんとニューヨークで会談した（2016年11月17日）。

**門田**　突撃する2日前に、たまたま事前に決まっていた金美齢さんのホームパーティがあったんです。私は、さすがに明後日の朝に出発するのでこの日のパーティは欠席かなと思っていました。すると、安倍さんがひょうひょうとやって来たわけです。私は驚いて安倍さんに「安倍さん、訪米の使命があまりに重大すぎて、私だったら緊張のあまり口から心臓が飛び出してしまいますよ」って言ったら、安倍さんが、「あはは……」と笑って、「これ、仕事で行くんだけど、個人的に楽しみで楽しみで仕方ないんですよ」というわけです。個人的に楽しみ？　と思ったら「だって、世界中でトランプが勝つなんて誰も思ってもみなかった当人ですよ。あのヒラリーに勝って、それでアメリカの大統領になってしまったんですからね、どんな人間か会ってみたいじゃないですか」と。私は「へぇ〜」って。

あの時、先にトランプを中国に取り込まれていたら、日本は戦後最大の危機に陥ってしまうところでしたよね。なんとしても、中国より先にトランプを取り込んで味方につけなければならなかった。もちろん、その使命があって安倍さんはニューヨークに乗り込むんですが、それを「会うのが、個人的に楽しみなんだ」というわけですからね。この危急存亡の時に日本はすごい首相を戴《いただ》いているな、と本気で感心しました（笑）。

**河野**　でも、まだ現職大統領（オバマ）がいるのに、共和党の次期大統領に会うっていうのは外務省なんか周りは止めたと思いますよ。それでも断固遂行したわけですよね。正式に就任する前に会って言うべきことを言っておく、しかも習近平より先に会って、中国の問題点をきちんと説明しておこうとしたのは先見の明があったというしかない。

**門田**　恐縮ですが、安倍さんは、〝人たらし〟だから（笑）。

**河野**　おそらく、正式に就任するまでトランプを放っといたら、彼はディール（取引）の人ですから、これからは中国との取引でけっこううまく汁を吸えると、おそらく考えていたんじゃないですか。安倍さんは、そこに釘を刺した。中国は危険な国だと諭した。

**門田**　あとで聞いたことですが、この最初のニューヨークのトランプ邸での話の約8割が中国問題に費やされたそうです。まさにトランプを説得したというか、洗脳したわけです。

**河野**　そうです。そのあたりは、やっぱり安倍さんのセンスですかね。オバマ大統領の時も、前述したように、自らはパールハーバーに行き慰霊し、代わりにオバマが広島にきた。

こういうふうに中国を意識して歴史戦での日米和解を演出していったのはさすがだと思います。

**門田**　外交上、なにが問題なのかを察知し、それを表現するキーワードを使うのにも長《た》けていた。たとえば、２０２２年2月24日にロシアがウクライナに侵攻した3日後の2月27日のフジテレビの番組（日曜報道）で、非核三原則の見直し、そして、米国の核兵器を自国領土内に配備して共同運用する「核共有（ニュークリア・シェアリング）」について、国内でも議論すべきだと言った。

「ＮＡＴＯでも例えば、ドイツ、ベルギー、オランダ、イタリアは核シェアリング（核共有）をしている。自国に米国の核を置き、それを（航空機で）落としに行くのはそれぞれの国だ。これは、恐らく多くの日本の国民の皆さんも御存じないだろう。日本はもちろんＮＰＴの締約国で、非核三原則があるが、世界はどのように安全が守られているか、という現実について議論していくことをタブー視してはならない」

　すると、その翌週の同じ番組に高市早苗議員が出演したのですが、そのとき、視聴者アンケートを取ったら、非核三原則の議論をすることに賛成が75％もあった。現実主義に基づいてタブーを打破していくセンスは凄いものがありましたね。

## 「安倍ロス」は余りに大きいが……

**河野**　２０２１年12月1日、台湾で開かれたシンポジウムに日本からオンライン参加した安倍さんが「尖閣諸島や与那国島は、台湾から離れていない。台湾への武力侵攻は日本に対する重大な危険を引き起こす。台湾有事は日本有事であり、日米同盟の有事でもある。（この点の認識を）習近平主席は断じて見誤るべきではない」と語った。

さらに、中国側が軍事的手段に訴えた場合、「世界経済に影響し、中国も深手を負う。私たちは経済力、軍事力を充実させて決意を示すと同時に、理性的に、中国が自国の国益を第一に考えるなら、中台関係には平和しかないと説かねばならない」と強調し、台湾の環太平洋経済連携協定（ＴＰＰ）加入についても、「台湾の参加を支持する。台湾には資格が十二分に備わっている」と述べ、世界保健機関（ＷＨＯ）など国際機関への参加についても、「台湾はふさわしい発言権を手にしていくべきだ」と、全面的に台湾を支持する発言をしましたよね。

**門田**　でも、安倍さんがいなくなったら、日本の有力政治家は誰も「台湾有事は日本有事」

とも「核シェア論」も言わない。安倍さんがいなくなると、そうなるわけですよ。だから、台湾の人がもう泣きながら私に言うわけですよ。

「門田さん、安倍さんは自分の死期を悟っていたんじゃないか」

「え？　どういうこと？」

「亡くなる3カ月前に安倍さんが何を言ったか、門田さん、覚えてますか」

「何でしたか」

「アメリカのシンクタンク（ウィルソンセンター）とのオンライン討論（2022年3月31日）で、40年続くアメリカの台湾への〝戦略的曖昧さ〟を、もう止めるときが来たと明言してくれたでしょう。翌日以降、全米で大きく報道されて、世界30カ国でも報道されたんだけど、日本ではあまり報道されませんでしたね。

でも、あれは台湾ではもちろん、大々的に報道された。すると、あのバイデン大統領が2022年5月23日、日米首脳会談のあとの記者会見で、中国が台湾に軍事侵攻した場合、軍事的に関与する意思があるのか問われ、『イエス、それが我々の責務だ』と明言してくれました。台湾の人は〝安倍さんのおかげだ〟と喜んだんです」

バイデン発言の後、安倍さんが暗殺されました。しかし、その1カ月後の2022年8月にはアメリカのペロシ下院議長が台湾を訪問し、「力による現状変更は認めない。今ほど米国民と2300万の台湾人との連携が必要なときはない」と明言した。アメリカの行政のトップと議会のトップが、両方、「曖昧戦略」を捨てたわけです。

私の友人の台湾人は「死してなお安倍さんが台湾を守ってくれている」と言って涙を流したのです。

**河野**　私が、現役のときのアメリカ太平洋軍司令官のハリー・ハリスさんは、母親が日本人でしたが、彼も退役してからは「曖昧戦略はもう捨てるときが来た」と公言しています。これも、「インド太平洋」と同じで、やはり安倍さんの問題提起があったからだと思います。アメリカ軍のOBにも影響を与えていた。

安倍さんが言わんとしていたことは、要はアメリカが圧倒的に強い時代は、曖昧戦略は効果があった。つまり、介入するかしないかは曖昧にしておいたほうがかえってよかった。ところが今、中国の軍事力が強化され、西太平洋地域の米中の軍事バランスが均衡してきている。そのときに、曖昧戦略を取ることは、中国に誤解を与え、逆に抑止バランスを崩すことになりかねない。だから、曖昧戦略を見直せと言いたかったのでしょう。

**門田**　軍事力による抑止力によって北東アジアの平和を守るという、この明確な思いが安倍さんにあったわけです。そしてそれを、国際情勢の変動（ロシアのウクライナ侵攻）にあわせて、先んじて打ち出した。そして日本はむろんのこと、台湾海峡の平和と安定を守るという信念と展望と決意で的確に国際社会に発信していった。だから、台湾の人がやっぱり安倍さんの話になると涙を流すというのがよく分かりますよ。彼らには、自分と家族の命の問題ですからね。

**河野**　だから、やっぱり安倍ロスって大きいですよね。

**門田**　大きすぎます。安倍さんの外交戦略、国際戦略がそれだけすごかったということです。ただ、内政では、いろいろありました。私も相当、きびしい論評をさせてもらいました。たとえば、コロナ対策です。完全に後手にまわりましたよね。私は、武漢が封鎖された2020年1月23日以前から「中国からの入国をすぐストップせよ」と言い、また2月に入ってからは、なすべきことをやらない加藤勝信・厚労大臣を「早く更迭して佐藤正久氏に代えるべき」とか、いろいろ言わせてもらいました。

2020年6月にはもう『疫病2020』（産経新聞出版）を出して、安倍政権の対コロナ対策を手厳しく批判しました。安倍さんは相当怒っていたみたいですが、仕方ないですよね（苦笑）。どうも「何でここまで書くのか」と思われたらしい。

先述したように、二度の消費増税をやったり、習近平の国賓来日の即時中止などをやらなかったりしたことでも、厳しく論評させてもらいました。外交防衛はともかく、やはり内政面での失敗がありましたよね。現実主義者としての安倍さんは、前述のようにあの親中派の二階俊博さんを幹事長に据え続け、さらに麻生太郎氏を財務相に置き、党内体制を磐石にしました。しかし、結局、憲法改正などに踏み切ることができませんでした。

安倍さんは、消費増税のあとの二度目の総裁選（２０１５年）は無投票で勝ち、２０１８年の総裁選挙でも石破茂に圧勝しました。その前後の国政選挙でも勝ち続け、２０１５年には安保法制も成立させたことによって、たしかに歴史に名前を残しました。しかし、そのあとは憲法改正に一気に行くかと思ったら、それに挑戦しなかったのです。これには正直、失望しました。

## 真のシビリアン・コントロールを実現してくれた

**河野**　自衛隊という観点からいくと安倍さんはタブーをかなり打破してくれた。たとえば、それまでの「シビリアン・コントロール」は、要は、自衛隊をできるだけ政治から遠ざけ、政治家との橋渡し役は防衛庁・防衛省の文官（背広組）が担い、制服組を遠ざけることが長年慣例となっていたんです。それが「シビリアン・コントロール＝文官統制」だというふうに誤認する原因になった。
でも、2013年に安倍首相が国家安全保障会議を創設しましたが、統合幕僚長を会議のメンバーに加えてくれた。また、2014年から統合幕僚長となった私は、基本的に毎週、安倍首相と菅官房長官に自衛隊の状況・行動について報告することが許された。それまでは官邸で制服の自衛官を見るのはまれでしたが、安倍政権からはそんなことはなくなりました。安倍さんは自衛隊の行動や考えをきちんと頭に入れて総括的に意思決定をされた。軍事的なことは専門家の自衛官に話を聞き判断を下す。これこそが健全な民主主義国家での政軍関係であり、安倍さんは、その意味で、真のシビリアン・コントロールを実践された戦後初の総理だったと私は思います。

**門田**　だからこそ内閣支持率を10ポイント下げることになっても、あれだけ反対の強かった安保法制をやってのけた。タブーに挑戦する強い信念があった。朝日のようなマスコミから批判されることを厭《いと》わなかったですね。

その点は、あとで触れますが、石原慎太郎さんもそうでした。マスコミの批判など屁とも思っていなかったですね。

**河野**　自ら「戦う政治家でありたい」と常々言っていました。当選3回生のころから、拉致問題や慰安婦問題などで朝日新聞とやりあっていた安倍さんでしたが、今の若い議員が、安倍さんぐらいの信念と覚悟をもって国政を担っているのか心配です。

**門田**　安倍さんの強い信念が人を集めましたよね。次章では、敗戦後の日本を救ったリーダーたちの軌跡を検証していきましょう。

# 第二章

# 敗戦後の日本を救ったリーダーたち
# （吉田茂・岸信介・石原慎太郎）

## 歪曲された「吉田ドクトリン」

**河野**　安倍さんのような強い信念とリーダーシップを持っていた政治家といえば、戦後では吉田茂さん、岸信介さんでしょうか。

**門田**　そうですね。吉田茂は、私の故郷の高知県選出の政治家ですが、これまた徹底したリアリストだった。また、ユーモアもありましたね。

マッカーサーが吉田を前にして、司令部の大きな部屋のなかで、大股で行ったり来たりしながら説教するかのような口調で一方的にまくしたてるのを見て、吉田が笑ったら、「なんで笑うんだ」と尋ねられた。そのとき「元帥が檻《おり》のなかを行ったり来たりしながら説教をしているライオンに見えてきて、つい笑ってしまった」と答えた実話がある。

**河野**　食料危機を乗り越えるために、終戦直後、吉田茂首相がマッカーサーに「国民が餓死するから」と食料の緊急輸入を求めたものの、その一部しか実現しなかったのに餓死者が出なかったことがあった。すると「日本の統計はいい加減で困る」と抗議したマッカーサーに、吉田が「日本の統計が正確だったら、アメリカとあんな無茶な戦争などしませんよ」と言い返したという逸話もありますよね（笑）。

**門田**　「ちゃんとした統計をとれる国だったら、アメリカとの戦争にも勝っているよ」ということですよね。

英国大使も務めた外交官出身ということもあり、占領下で、英語力を駆使してマッカーサーを時には翻弄しながら経済復興をまずは第一の目標にして、そのために全力を尽くした。ドッジ・ライン恐慌で日本の産業界が壊滅になりそうなのを救うために池田勇人蔵相をアメリカに派遣したり、サンフランシスコ講和条約では共産圏（ソ連・中共）を含めた「全面講和」ではなく「多数講和（単独講和）」を選択し、旧日米安保条約の調印も自ら行なった。全面講和論を執拗に主張する東大総長の南原繁を「曲学阿世《きょくがくあせい》の徒《と》」と揶揄もした。

**河野**　あのとき、全面講和論を取っていたら、日本の独立は遅れ、国内の対立も深まり大変なことになっていたでしょう。首相だった時の吉田の考え方は、経済再建が第一で、国の防衛は軽武装でアメリカに頼ればいいというものだった。東工大教授の永井陽之助氏が、それを「吉田ドクトリン」と名付けて称賛したことがあった（永井『吉田ドクトリンは永遠なり』「文藝春秋」1984年5月号）。別に吉田さん自身が、そう唱えたわけではないけど、吉田のあとを継いだ首相の多くも、池田勇人、大平正芳、宮沢喜一といった人たちは吉田の系列の宏池会に所属しており、彼らも軽武装、安保ただ乗り論みたいな「吉田ドクトリン」を事実上踏襲していたといえます。ちなみに、今の岸田首相も宏池会です。

でも、吉田の晩年の著作『大磯随想・世界と日本』(中公文庫)などを読むと、占領期や独立を回復したばかりの時は、そういう軽武装・アメリカ頼りでも仕方なかったけど、高度成長も果たして一人前の国家になった以上は、9条も改正し、自分の国は自力で守れるようにするのが当然だと書いている。

**門田**　そのあたりが、吉田が〝リアリスト政治家〟である所以です。

**河野**　「吉田ドクトリン」を礼讃する人は、吉田の晩年の次の真意をあえて見落としているのではないか。

「当時において日本が再軍備に踏み出すことは、経済的にも、社会的にも、思想的にも不可能なことである」「しかし、それは私の内閣在職時代のことであった。その後の事態に鑑みるにつれて、私は日本防衛の現状に対して、多くの疑問を抱くようになった。当時の私の考え方は、日本の防衛は主として同盟国アメリカの武力に任せ、日本自体はもっぱら戦争で失われた国力を回復し、低下した民主の向上に力を注ぐべしとするにあった。然るに今日では日本をめぐる内外の諸条件は、当時と比べて甚だしく異なるものとなっている。経済の点においては、既に他国の援助に期待する域を脱し、進んで後進諸国への協力をなし得る状態に達している。防衛の面においていつまでも他国の力に頼る段階は、もう過ぎようとしているのではないか。私はそう思うようになったのである」

「憲法第九条のいわゆる平和条項、すなわち、国際紛争解決の手段としての武力行使を否定する条項は別として、第二項の戦力否定の条項は、万世不磨の大典としての憲法の一部というよりも、軍国主義国、侵略国としての日本多年の汚名を雪ぎ、一日も早く国際社会に復帰したいと言う政治的狙いが本意であったのが、私の関する限り真実である。これは既に私のたびたび記すところである。だから、もし条文を厳格窮屈に解釈して、自衛隊をすら否定するに至るならば、必ずや世界の現実と乖離し、政治的不安定の因となるであろう」

要は、憲法9条は、戦後日本が国際社会に復帰するための政治的なメッセージであり、あまり真に受けすぎて、杓子定規に解釈して、自衛隊そのものを否定するようなことを言い出したら、とんでもないバカげたことになると戒めているわけです。

**門田**　いまだに憲法改正もできていない「空想的平和主義」に陥った日本の現状を見たら、「ばかやろう！」と本気で叫ぶでしょうね。

**河野**　そうですね。彼はまたこれらの本の中で、儀仗《ぎじょう》のことにも触れています。迎賓館で自衛隊が儀仗をやる時、儀仗隊長が国賓を先導して、閲兵してもらうのですが、そのときに、天皇陛下は随行していないんです。普通は、儀仗隊長がいて、国賓がその後ろにつき、そしてお迎えする国家のリーダー、元首はその後ろについて随行するのが普通なんです。ところが、日本ではそうしない。なぜなのかといえば、おそらく自衛隊と皇室がつながることを躊躇《ちゅうちょ》する空気がいまだにあるということでしょうね。悪しき「戦後レジーム」の一つだと思います。

おそらく、戦後まもないころの外務省や宮内庁などがそういうふうに決めたのではないか。それを吉田さんはケシカランと次のように問題提起もしています。

「来日外国元首の儀仗兵閲兵に当り、陛下の御同行をお願いしないように取計らったり、何故に然るかを理解し難いことが多い。立派に国家の機関に奉仕する同胞であるに拘わらず、自衛隊員だけが天皇陛下の親臨を戴けないということは、公平を欠く意味からだけでも失当である。もしこれが一部の世評に遠慮し、迎合するものであるならば、当局自ら国家機構を軽んずるものといわねばなるまい」(いずれも『世界と日本』)

**門田**　自衛隊についても、防衛大学校の一期生に対して、吉田さんが「自衛隊が国民から歓迎されチヤホヤされる事態とは、外国から攻撃されて国家存亡のときとか、災害派遣のときとか、国民が困窮し国家が混乱に直面しているときだけなのだ。言葉を換えれば、君たちが日陰者であるときのほうが、国民や日本は幸せなのだ。どうか、耐えてもらいたい。自衛隊の将来は君たちの双肩にかかっている。しっかり頼むよ」と語ったという有名な逸話がありますよね。かくも、吉田さんの目はリアリストに徹している。これはすごいことですよ。

**河野**　すごいです、そこはね。ただ、「日陰者」云々の吉田さんの真意は、「自衛隊員は常に謙虚であれ」にあったのではないかと私は思っています。公のために生命をかけて尽くす者を日陰者扱いする社会はやはり健全ではないですから。コロナで外出ができない時など、医者や看護師やゴミ収集者などをエッセンシャルワーカー（必要不可欠な仕事をする人）として礼讃しましたが、そういう人たちは別に傲慢になることもなく、粛々と仕事をこなしていた。自衛隊も同じといえば同じですから。

『世界と日本』でもいみじくもこう指摘しています。

「最近、自衛隊が風水害、雪害などの災害救助に出動し、関係地方民からはもちろん、一般国民からもその功と労とを多とされていることは、自衛隊に対する大方の理解と敬意を増大する所以であって、誠に喜ぶべきことである。だが、反面また憶うて隊員の辛苦に及ぶときは、私の心は必ずしも安からぬものがある」

「災害出動は自衛隊の任務の一つではあっても、それは決して自衛隊存在理由の本筋ではない。このことが、忘れられ勝ちとなりはせぬかを、私はむしろ恐れるのである」

あくまでも自衛隊の主本務は日本の独立と安全を守ることにあり、災害支援はあくまでもサブなのですから。

**門田**　たしかにそうです。ところで、吉田さんは、サンフランシスコ講和条約のときも、もうずっと極秘でアメリカと交渉をやって、そして自分一人で責任を取る形で旧日米安保条約に署名しています。こんな超現実主義の政治家が戦後日本を率いたことは、敗戦という不幸の中にあって幸いだったというしかない。吉田さんが、マッカーサー相手に丁々発止やってくれたおかげで日本復活ができたともいえる。それ以来の救国の政治家が安倍晋三さんだったと思います。

**河野**　旧安保条約を、より公平に改定した安倍さんの祖父にあたる岸信介さんも立派だったと思いますが、吉田さんもその点は高く評価されるべきですね。

サンフランシスコ講和条約の多数講和にしても、吉田さんの使命は一刻も早く独立主権を果たすことにあった。昭和25年（1950年）6月に朝鮮戦争が起きたときに、マッカーサーから警察予備隊を作れと命令され、同時に掃海部隊を朝鮮戦争に出せと極秘裏に言われた。吉田さんはその命令を受諾し、特別掃海部隊を派遣した。現在進行形の戦場に軍艦を派遣するわけで、当然、すでに制定されていた憲法に違反することになります。

**門田**　戦死者も出ましたね。

**河野**　でも、それも一にかかって独立を早く達成させるために決断したわけです。そういう犠牲も厭わずやられている。目標を一点に定めて、そこに集中しています。

しかし、独立主権が回復するということは、国際常識としても、基本は、進駐軍、占領軍は撤退するということです。でも、その当時、北朝鮮の問題もあったし、中国が1949年に共産化していた。だから米国防総省が、「今、日本の基地を失うのは、それはまだ早い」と言ってクレームをつけた。だから独立をもうちょっとあとにしろということになりそうだった。当時、アメリカも、日本が独立するなら当然、撤退しないといけないと考えていた。

そのとき、吉田さんはどう動いたか。では、日本の側からアメリカにお願いして軍隊を置いてもらったらいいじゃないかという発想になった。それが（旧）安保条約なんです。だから占領軍、進駐軍をサンフランシスコ講和条約締結後（1951年6月）にあっては

「合法的な在日米軍」にしたのが旧安保条約なんです。あの時の安保条約の存在意義はこの1点なんです。そして、警察予備隊（1950年）を保安隊（1952年）に、保安隊を自衛隊発足（1954年）というふうに整備していった。

もちろん、吉田さんは、こうしたアメリカ頼みの防衛体制を未来永劫とは思っていなかった。それを永井陽之助さんは完全に誤解していた。「吉田ドクトリンは、永遠なり」と言われたら、吉田さんも憤慨なさることでしょう。そのあたりは田久保忠衛さんが「歪曲された『吉田ドクトリン』」（「諸君！」1985年9月号）で批判したとおりだと思います。

## 自衛隊を戦力でないという詭弁

**門田**　吉田さんも安倍さんも、発想がすべて現実主義です。だから、全面講和と単独講和（多数講和）で論争になった時も、一刻も早く独立するためには単独講和のほうがいいんだと強引にやってのけた。安倍さんも中国の脅威に対抗するために集団的自衛権の行使をよりやりやすくするために必要だということで、断固として安保法制の制定をやってのけた。

**河野**　昔もいまも「曲学阿世の徒」が多すぎますね（苦笑）。

ところで、少し些末な話で恐縮ですが、「自衛艦旗」が今あります。要は「軍艦旗」。海上自衛隊の場合はデザインとしては「旭日旗」です。まったく旧軍艦旗と一緒です。そうなるまでには紆余曲折があった。というのも、独立回復後に、海上自衛隊が発足するときに、新しい旗をどうしようかっていう話が当然出てきた。旧軍艦旗を持ってきたら、また左翼が騒ぐと危惧した。だから当時の保安庁や防衛庁も、新しい旗を作ることにして、米《よ》内穂豊《ないすいほう》画伯に新デザインの考案を依頼したんです。

ところが、画伯は「旧海軍の軍艦旗は、黄金分割によるその形成、日章の大きさ、位置、光線の配合等実に素晴らしいもので、これ以上の図案は考えようがありません」との返事。そこで、新しい自衛艦旗は帝国海軍の軍艦旗（旭日旗）と同じデザインに決まり、吉田首相に報告することになった。なにせ、吉田さんは軍から親英米派として批判され、戦時中は憲兵隊に逮捕されたこともあり、反軍意識が強い人。戦前と同じ旭日旗を持っていったら、怒鳴り散らされるんじゃないかって、恐る恐る持っていった。すると、吉田さんは「世界中で、この旗を知らぬ国はない。どこの海に在っても日本の艦であることが一目瞭然で誠に結構だ。旧海軍の良い伝統を受け継いで、海国日本の護りをしっかりやってもらいたい」と一発OKだった。

**門田**　素晴らしい。

**河野**　そういう経緯で引き継がれた旭日旗なんですが、２０１８年10月に韓国で開催される国際観艦式に参加するにあたって、韓国は、「韓国の国旗と自国の国旗以外は挙げてはならない」と要求してきた。要は、日本を狙い撃ちした「旭日旗」排除だった。当時、私は統幕長でしたが、記者会見で「海上自衛官にとって自衛艦旗は誇りの旗である。降ろすことは絶対にない」と答えて、結局、国際観覧式への参加をその年は取りやめたんです。

**門田** これまた素晴らしい決断でしたね（笑）。さすがは大将！（笑）。

**河野** いや、その「大将」というのが、自衛隊ではまだタブーなんです（苦笑）。

**門田** というと？

**河野** 自衛隊は「軍隊」ではないということに建前上はいまでもそうなっていますから、大佐、中佐、少佐を一佐、二佐、三佐と表している。大佐の上の「少将」を「将補」にしているんですよ。この、「何とか補」っていうのは、警察の称号なんです。「警部補」とかあるでしょう。消防にも「消防補」というのがある。「補」をつけるのは警察や消防の世界なんです。自衛隊も「警察予備隊」からできたこともあり、トップは「将」になるけど、これは「大将」ではなく「中将」なんです。「海将」といえば、昔の「海軍中将」のことです。

そして、自衛隊には「大将」という位はない。しかし、幕僚長は、階級章だけは大将並みの星四つにしていいとしているんです。日本の場合は桜ですが、だから、「海上幕僚長」は階級章としては昔の「海軍大将」に相当することになります。しかし、日本の場合は幕僚長の階級は何かというと、正確には「中将」なんです。しかし、制服では、幕僚長たる将は四つ星をつけていいことになっていて、海外では「大将」扱いを受けますが、正式には自衛隊には「大将」はいないんです。

ただ、今度、統合幕僚長の下に、統合司令官という役職ができることになります。これは、有事発生時には、統合幕僚長が担う役割があまりに多くなるので、ある意味、統合幕僚長の負担軽減の意味もあります。というのも、統幕長は首相と防衛大臣を補佐するので、その下の統合司令官は部隊指揮に専念するという形を取ることになったわけです。いまは統合幕僚監部に運用部門がありますが、それに加え、常設の統合司令部が設置されることになります。

**門田**　なるほど、役割分担なわけですね。それにしても、軍隊で、大将がいないというのは困る。英語ではどうなっているんですか。

**河野**　英語では、こんな非国際的な階級なんか表現できないから、海上自衛隊の場合、幕僚長はAdmiral（大将）だし、海将はVice-admiral（中将）、海将補はRear Admiral（少将）、Captain（大佐）、Commander（中佐）云々ってなっています。だから私は、海上幕僚長の時に、外国に行けばAdmiralになって、向こうもAdmiralと呼んでくれるのですが、日本では、当時の私は階級としては正確には「中将」なんです。ほんとややこしいんです。階級だけでなく、組織名にしても、今度は逆に、自衛隊は軍隊ではないとなっているので、自衛隊の英語名はSelf-Defense Force。海上自衛隊は「Maritime Self-Defense Force」で、陸上自衛隊は「Grand Self-Defense Force」です。いちいち、Self-Defenseをつける。Navy（海軍）、Army（陸軍）じゃないんです。

**門田**　「駆逐艦」もいまだに「護衛艦」ですよね。「戦車」も昔は「特車」と言っていた。萩生田政権とか高市政権ができたら、こんな不合理を直してくれますかね？　岸田政権ではとても無理ですけど（苦笑）。

**河野**　でも、いまだに韓国の旭日旗反対論のように、自衛隊に対して、旧日本軍とからめて批判する人がいますよね。軍拡は戦争への道だとか。9条改正は軍国主義復活につながるとか。吉田茂さんのころから始まった自衛隊に関する違憲論争がいまだに続いているのは残念です。吉田さんのころはまだしも、いまこそ、これも改憲によって自衛隊違憲説が出てこない条文に改正されてスッキリすればいいのですが、それがまだ実現できていない。

そもそも、憲法制定当初は、自衛のための戦争もできないと吉田さんが国会で答弁したものの、それでも警察予備隊、保安隊、自衛隊を作った。なぜ、そうできたのか。いまの憲法9条はこのようになっています。

日本国民は、正義と秩序を基調とする国際平和を誠実に希求し、国権の発動たる戦争と、武力による威嚇又は武力の行使は、国際紛争を解決する手段としては、永久にこれを放棄する。

前項の目的を達するため、陸海空軍その他の戦力は、これを保持しない。国の交戦権は、これを認めない。

この9条2項の「陸海空軍その他の戦力は、これを保持しない」けど、自衛隊は「戦力」以下の「実力」組織だという建前でずっとやってきている。「前項の目的を達するため」という芦田均氏の修正によって、前項（1項）が禁止している国権の発動による戦争や武力による威嚇を目的にしない自衛のための戦力は持てるという解釈の余地が生まれました。でも、自民党など歴代政権は、いまの自衛隊については、戦力ではなく「自衛のための必要最小限度の実力組織」だから保持できるのだという解釈をしてきました。

**門田**　芦田修正を採用して、自衛隊を合憲とみなすようなことはしてこなかった。

**河野**　吉田さんの時代なら、自衛隊は「戦力」ではなく「実力」組織という言い方も可能だったかもしれませんが、いまや、敵基地攻撃だの反撃能力や巡航ミサイルを持つ必要が喧伝される時代に、自衛隊は戦力ではないなんてもう解釈として無理ですよ。

吉田さんのブレーンに辰巳栄一という元陸軍中将の軍人がいました。彼は、吉田さんがイギリス大使だった時の武官で、戦後も軍事的なアドバイザーをやっていた。軍人ぎらいだった吉田さんが評価していた数少ない軍人で、辰巳さんは、独立後は、ちゃんとした陸海空軍をつくるべきだということをずっと進言されていたのですが、それでも吉田さんの答えはノーだった。このあたりは、産経の湯浅博さんの『歴史に消えた参謀　吉田茂の軍事顧問　辰巳栄一』（文春文庫）に詳しいですが、吉田はのちに「自分は辰巳君の言うことを聞かなくて本当に後悔している」と言ったという。

**門田**　いち早く「中ソ対立」を予見した現実主義者の吉田さんでも、半世紀以上先の日本の軍事情勢までは見通せなかったということですね。

**河野**　経済力が落ちたとはいえ、まだ世界有数の経済大国である日本の防衛費がＧＤＰ２％になるという時に、自衛隊が「戦力」ではなく「実力」組織といっても通用するわけがない。

**門田**　吉田時代の解釈ではダメですよ。

**河野**　統幕長のとき、軍事力がそれ程大きくない国へ行くと、我々は陸海空軍じゃないから、前述したように、海上自衛隊は「Maritime Self-Defense Force」なんですよ。陸上自衛隊は「Grand Self-Defense Force」なんです。ArmyでもNavyでもないと言う。そうすると先方からなぜわざわざややこしい言い方をするのかと問われるわけです。そこで「申し訳ない、信じてもらえないかもしれませんが、自衛隊は、実は戦力じゃないんです。だからそこまではできない」と言わざるを得ないわけです。

**門田**　そうしたら、向こうはなんて？

**河野**　まあ、その場は凍りつきますね。「河野さん、あなたは、私たちをバカにしているのか」になるわけですよ。自衛隊のほうが、戦力が数段上でしょう。それなのに、自分たちは戦力でないと言ったりしたら当然理解してもらえない。でも、そう答えざるを得ないわけですよ。いまだに政府見解はそうなっているから。もう限界です。

**門田**　それだけじゃなくて、「日本は責任を放棄するのか」っていうふうに思われる。バカにしている云々ではなくて、「これだけ中国の圧迫が迫って来ているのに、今、まだ日本はそんなことを寝言みたいなことを言っているのか。我々を見捨てるつもりなんだろう」ということですよね。

**河野**　日本がSelf-Defense Forceと言えば、どこの国だって、まずはSelf-Defense Forceですからね。こういう混乱を招いているのは、吉田さんの功罪という意味では、罪に相当すると思います。「吉田ドクトリン」と後年言われるような軍事政策を取って、憲法解釈に疑念をもたらすような態度を取った。後々これが今日まで尾を引いている。

とはいえ、本来は、吉田さんのあとを引き継いだ首相がリーダーシップを取って9条を改正するなり、憲法解釈を変えていくべきだったのに、それを怠った。その責任のほうが大きいともいえます。

芦田修正をめぐっては、2014年に安倍さんが首相の時の私的諮問機関「安全保障の法的基盤の再構築に関する懇談会」(安保法制懇)が、国際法に違反しなければ個別的か集団的かを問わず、自衛のための武力の行使を「全面解禁」できるということで「芦田修正」論をちょっと打ち出したこともありますが、結局は否定されて終わっています。

## 9条はこう改憲すればいいのだ

**門田**　もう芦田修正云々ではなく、9条は、シンプルにこう変えればいいだけです。「門田私案」としてあちこちで提案しています。

日本国民は、正義と秩序を基調とする国際平和を誠実に希求する。わが国は、国際平和の維持と国民の生命・財産および領土を守るために自衛隊を保有し、いかなる国の侵略も干渉も許さず、永久に独立を保持する。

ポイントは「自衛隊の合憲化」と「集団安保体制」を可能とすることです。これならば、両方をクリアできるわけです。中国の侵略から平和を守るための抑止力としてアジア版NATOを作ることが可能なんです。この中にある「国際平和の維持」という僅か7文字で、集団安保体制が構築できるわけです。あとは「国民の生命・財産・領土を守るため自衛隊を保有」することで自衛隊違憲説は消えます。「自衛隊」の表記を「国防軍」にする、しないにはこだわりませんが、とにもかくにも、これにて「いかなる国の侵略も干渉を許さず永久に独立を保持する」ことができるのです。

**河野**　なるほど。シンプルイズベストですね。安倍さんも9条は1項も2項もそのままにして、加憲ということで、9条に新たに第3項を設け、前条の規定は、我が国を防衛するための必要最小限の実力組織として自衛隊を設けることを妨げるものと解釈してはならないなどの「加憲」案を提案したこともありました。

自民党も、9条の原文はそのままにして、新たに9条の2を設け、「前条の規定は、我が国の平和と独立を守り、国及び国民の安全を保つために必要な自衛の措置をとることを妨げず、そのための実力組織として、法律の定めるところにより、内閣の首長たる内閣総理大臣を最高の指揮監督者とする自衛隊を保持する」「自衛隊の行動は、法律の定めるところにより、国会の承認その他の統制に服する」などと提案もしましたね。

**門田**　自民党の9条改正案なんて、だらだらと言い訳めいた文章が続いて、国民は読んでくれませんよ。細かいことは法律で補完すればいいのですから。

**河野**　とにかく「自衛隊実力組織論」も「芦田修正による自衛隊合憲論」も、昨今のグローバルな防衛体制、集団安全保障体制を構築する上で限界です。

一方、自衛隊違憲論を唱え、改憲反対の左翼の人たちの議論も限界に達しています。かつては、自衛隊違憲、日米安保破棄、そして日本は非武装中立国家になればいいという向きもあった。社会党の一部が主張し、昭和40年前後まで、軍隊性悪説の人達がいて、そこそこの支持もあった。しかし、いまや日米安保破棄、自衛隊不要論なんて本気で言う人はいませんよね。公明党だって一昔前、野党時代は自衛隊違憲論を唱えていたことがありましたが、そんなことはもう言わない。社会党は社民党になっているけど、国会議員は数人いるかいないか。立憲民主党だって、そんなことは言わない。いわんや、維新や国民民主はもっと現実的に対応し、9条改正にも前向きです。

**門田**　共産党は、憲法制定の時は自衛戦争を認めていない「9条」はおかしいと言っていた。軍隊は必要だ、と。しかし、自衛隊は人民の軍隊じゃないから違憲だとか、国民が本当に自衛隊をいらないと思うまでは、自衛隊を存続し、働いてもらうとかいろいろと姑息に言い換えてきています。

**河野**　まさに違憲論も限界にきています。でも、共産党の藤野保史政策委員長が、防衛費は「人を殺すための予算」と発言して更迭されましたが、これは共産党のホンネかもしれませんね（苦笑）。ともあれ、違憲論も、もう破綻しているんですよ。だったら、加憲でもいいから、9条を改正して自衛隊や集団的自衛権を行使するのが合憲になる条文を国会が作り国民に提示すべきでしょう。

**門田**　先の私の改憲案もそうですが、明確に自衛隊合憲論にすると同時に、集団安保体制をとれるようにする必要がある。要するに日本に、世界の常識からかけ離れた時代遅れの憲法9条があるがために、アジアの人たちは困っているわけですよ。これが、アジア版NATOである「環太平洋・インド洋条約機構」を創設できない最大の理由なんです。これを結成して対中抑止力を強化し、スクラムを組んでアジアの平和を守らなければならない。

NATOは北大西洋がメインですから、インド太平洋でも、同じものをつくるための憲法改正を日本がやればいいわけで、その集団安保体制と自衛隊合憲をきちんと認識した9条改正案を真剣に討議すべきなのに、国会は旧統一教会やらLGBT理解増進法案がどうのこうのといった問題ばかりをやって時間を無駄にしている。

## 親が子供に就かせたくない職業に自衛隊が選ばれるとは

**河野**　安倍さんが生きていれば……と。

ところで憲法9条的な平和愛好のマインドが戦後日本を覆っているせいか、戦後の日本人には国家意識が薄れてしまいましたよね。ブラジル出身で日本国籍を取得したラモス瑠偉さんというサッカー選手がいます。

彼がこんな趣旨のことを言ったと記憶しています。日本の選手に「君は何のためにサッカーで戦っているんだ？」って聞いたら「自分のためにやっている」と言う奴が一杯いるけど、「だから日本はダメなんだ。やっぱり人間というのは、人のためとか、誰かのためとか、大きくいえば国のためということもあるけど、そういう大義のために戦ってこそ、人間は自分の持っている力を発揮できるんだ」と。

でも、戦後、やっぱり、五輪のスポーツでも「お国のため」というのはタブーになってしまった。戦前「お国のため」にやったことは間違っていたということになり、スポーツ選手も国際大会であっても、「お国のために」という人は皆無でしょう。「自分のためです」と言うのが正解。でも、これはちょっとおかしい。

**門田**　李登輝さんから、同じことを何度も聞かされましたよ。日本人は「公」の大切さを忘れてしまった、と。晩年は色紙を頼まれたら、李登輝さんは、「我是不是我的我（私は私でない私である）」と必ず書かれた。人には「私」だけでない私、すなわち「公」としての私がある。かつての日本人はその事を決して忘れなかった。たとえば、「私」としての自分というのは、家庭の中でなら夫や父としての「私」です。しかし、もう一つの自分、いわゆる「私」ではない「公」としての自分を、社会の中でちゃんと持っていたのが日本人だった、と。しかし、その「公」の部分を捨ててしまった戦後の日本人はダメだと指摘されていましたね。

李さんは、22歳まで日本人だったから、自分自身はそのまま来てるんだとおっしゃる。家庭の中のよき夫や父であると同時に、その「私」だけでないもうひとりの「私」、公のために尽くす「私」がいるということが重要であり、それを日本人は思い出すべきだと訴えて、それが「我是不是我的我」なわけですよ。

**河野**　でも、今、学校なんかでそんな教育したら軍国主義教育だと批判されるでしょう。

**門田**　そんなことを校長が言ったら、日教組や日共系教員や朝日新聞に袋叩きにされてしまいますね。

**河野**　自衛隊には「私は私でない私」が求められる。大災害の支援などで評価されるようになってきていますが、だからといって隊員募集は順調ではありません。他人が汗を流しているのは評価しても、自分がそういうことをするのは嫌だという若者が多いのも事実。これはどうすればいいのか。やはり、学校教育や家庭教育の場でも「公」「国家」というものが、きちんと教えられてこなかったことが原因ではないでしょうか。

『池上彰のニュースそうだったのか!!年末SP』(テレビ朝日系)が2022年12月29日に放送されていたのを見ましたが、その中で、「大人になったらなりたいもの」を聞いた結果が紹介され、小学生の男子は「第1位：会社員」「第2位：YouTuber／動画投稿者」「第3位：サッカー選手」、小学生の女子は「第1位：パティシエ」「第2位：看護師」「第3位：幼稚園の先生／保育士」だったそうです。それはいいとして、「親が子どもに就いてほしくない職業」の結果も紹介されていましたが、第1位が「YouTuber」、第2位は「芸能人」、そしてなんと第3位は「自衛隊」という結果でした。いや、親がこれでは……。自衛隊がんばっているけど、自分が自衛隊員になるのや、子供にやらせるのは嫌だというわけでしょう。

**門田**　今、自衛隊が24万で、警察が29万ですかね。消防職員が16万人(ほかに非常勤の消防団員は80万人)。予備自衛官が5万人ほどいるとしても、自衛隊は警官より現役は少ないわけですね。

**河野**　徴兵制も核武装云々同様、戦後、絶対的タブーですよね。もし徴兵制にしたら、憲法18条（何人も、いかなる奴隷的拘束も受けない。又、犯罪に因る処罰の場合を除いては、その意に反する苦役に服させられない）に違反するからと。それを言うなら、自衛隊の仕事は苦役なのかっていう話になるわけですよ（苦笑）。確かに楽な仕事ではないから、ある意味で苦役ですよね。でも、これが政府の公式見解なわけです。幾らなんでも、侵略してきたロシア軍と戦っているウクライナ軍兵士を見ても分かるように、軍隊は、祖国を守るための尊い仕事を担っていることをちゃんと政治家はリーダーシップを発揮して位置づけていただきたい。そうでないと、親が子供になってほしくない職業のワースト3に自衛隊を入れるなんて世論は改善されないでしょう。

徴兵制にしても、常時百万人の軍隊を維持しようなんていうのは、国家として非効率です。だから、プロ集団として日頃保有する軍人は20万程度でもいいんですが、やはり、1年ぐらいはちょっと銃器の扱いなどの基礎的訓練をしたうえで、また大学や会社に戻ってもらい、何か有事の時には戻ってきてもらうような形の徴兵というか徴集システムはあってもいいのではないかと思います。

だって、フィンランドやスウェーデンだって、徴兵制度を導入していています。これらの国を軍国主義国家だと批判する人はいないでしょう。韓国も徴兵制度ですが、世界的人気グループBTSのメンバーでも徴兵に取られ、一生懸命に訓練に励んでいる。

**門田**　戦後のそうした空気というか、平和ボケもあって、自分の国を守るために自ら戦うという意欲が世界的にみて、日本ではもう「ダントツで低い」ですからね。「もし戦争が起こったら国のために戦うか」という国際調査（世界価値観調査）がありますが、日本人が「はい」と答えた率は世界最低の13％でした。戦わないという人が48％、分からないという人が38％ですよ。

**河野**　日本は、尖閣にせよ、領空侵犯にせよ、中国の脅威をひしひしと感じている戦略環境に置かれているにもかかわらず、この数字はどうなのかと思いますが、日本人の場合「あなたは戦いますか」と問われ、「はい」と答えるのは何かテレくさいと思う人が多いのではないですか。私は日本人はそういう状況になれば戦うと信じています。

**門田**　ほかの国は、「分からない」という人は少なくて、「戦う人」と「戦わない人」と、まぁ五分五分から、戦う人が多い傾向がある。

**河野**　中国なんか、戦うと言う人が88％もいる。

**門田**　私も持ったことがありますが、自衛隊で訓練で使われている銃は軽いものでも7・5キロもありますよね。銃器を扱った心得がない人間が、そんなものを急に渡されて、「敵を撃て」と言われても対応できるわけがありません。銃器を扱うというのは、それほど過酷なものです。ロシアで緊急に集められた民間人が続々戦死しているというニュースを見ると、ああ、きびしい戦いを余儀なくされているんだろうなあ、と思います。

## 危機から逃げない政治家・岸信介とゼレンスキー

**河野**　銃の扱い方なんて日本国民のほとんどは知らない。それでグアムとか行って、実弾射撃ツアーなんかやってくる若者がいますが、やはり日頃の訓練がないと実戦には役立たないです。

それにしても、攻められても戦うつもりはないという人は逃げられると思っているのかもしれませんが、ウクライナは陸地だからポーランドに婦女子たちは鉄路でまだ逃げられるけれども、日本は日本海に逃げたら、向こうはロシア、中国、北朝鮮です。太平洋に逃げるとなると、ハワイかグアムまでもう漂流するしかない。国内にとどまっても、ミサイル攻撃から逃れるには、ウクライナにあるような地下壕・防空壕が必要ですが、そういう用意も日本はしていない。ウクライナ戦争の教訓とは、彼らの防衛体制から学べるものを学ぶことです。学ぶべきは、まだあって、ゼレンスキー大統領のリーダーシップも参考にすべきでしょう。

彼の場合、コメディアン出身ということもあって、戦争が始まるまでは、凡庸なリーダーみたいに思われていた。ロシアが侵攻した時も、一旦海外に逃げて亡命政権を作って抵抗するのではないかと見られていたけど、ウクライナに留《とど》まり、1年以上、果敢に情報発信もし、見直されています。その点、アフガニスタンのガニ大統領は、2021年8月に、タリバンが首都に攻め込んできたら、金塊と共にアラブ首長国連邦（UAE）にさっさと逃亡してしまったと言われています。このリーダーの差は大きい。

冒頭で述べたリーダーの3要件（1 組織に対して目標を明確に示す。2 その目標を達成する強い意志を持つ。3 結果に対して責任を取る）に照らしても、ゼレンスキー大統領とガニ大統領とは真逆の関係です。

**門田** その点、岸信介さんも首相官邸を大群衆に囲まれて警察が退避するように要請してきても、「ここが危ないというならどこが安全だというのか。官邸は首相の本丸だ。本丸で討ち死にするなら男子の本懐じゃないか」「俺は殺されようが動かない。覚悟はできている」と拒絶して、実弟の佐藤栄作と共に留まった。命を賭けて共産国家に屈しない自由世界の一員となるための選択として、日米安保条約の改定を強行に推進した点で立派だったと思います。

**河野** 当時、安保反対を唱えていた田原総一朗さんや西部邁さんにしても、誰一人、安保改定案を読んだことがないと堂々とのちに発言していますよね。「戦争に巻き込まれるから反対」といった声はありましたが、読みもしないで、改定案の内容も確認せずに反対とは。要は安倍憎しと同様に、元A級戦犯だった岸憎しからの内閣打倒運動でしかなかったのでしょう。雰囲気、ノリでやっていただけだったのでは？

**門田**　吉田さん時代の旧安保条約は、アメリカは日本に対する防衛義務はなく、ただ基地を提供するだけのものだった。そんな片務的だったものが日本を防衛する義務を付加して、より双務的な改定案にしたのだから大変な前進だった。日本の国益からしても反対する理由は小さかったわけです。ただ、あの東西対立の時代ですから「アメリカの戦争に巻き込まれる」という懸念は、たしかに存在していたと思います。それを考慮しても、さすがの決断だったと思います。

**河野**　岸さんもリーダーとして、まず安保改定という目標を明確に示し、その目標を達成する強い意志を持って事に当たった。そして、その結果に対して責任を取りましたよね。退陣したのは、訪日予定のアイゼンハワー大統領の来日を実現できなかったことの責任を取る形だった。

**門田**　やはり、信念の人ですよね。

**河野**　戦前は満洲国の５カ年計画など、計画経済を立ち上げてもいる。優秀な経済官僚でもあった。私が聞いた話としては、ご自身の娘（岸洋子）さんの婿・安倍晋太郎さんは60年安保当時、首相秘書官をしていた。彼が岸さんに「今、安保でこういうことになっていますが、お父さんの得意分野は経済じゃないですか。経済を前面に打ち出してやられたほうがいいんじゃないでしょうか」と言ったら、岸さんが「経済なんていうのは官僚でもできるんだ。今の日本で一番大事なのは安全保障。これは政治家しかできない仕事だから俺がやるんだ」と言ったというんです。この価値観、価値判断の順位のつけ方がさすがです。

**門田**　岸田首相に聞かせたい（笑）。

## 止める決断ができるかどうかもリーダーの大事な条件

**河野**　だから、いまの日本の政治家にとって、もちろん、経済の立て直しも重要な政策の一つであるかもしれませんが、それればっかりを追求して、国の安全保障を忘れてはいけないと思います。この舵取りをどう決断するかは政治家にしかできない使命ですから。

**門田**　ただ、経済を財務官僚にまかせきりにすると大変なことになるから、岸田さんには経済も安保も両方やってもらう必要があります。ともあれ、日米開戦の時、商工大臣をしていて開戦詔書に署名したからA級戦犯となり批判された岸さんですが、1944年7月にサイパンが陥落した時、「サイパン陥落に伴って今後本土空襲が繰り返されるであろうから軍需次官としての責任が果たせない」として講和を要求したという逸話があります。「ならば辞職せよ」と上司にあたる東條首相が迫っても辞職せず、閣内不一致ということで、東條内閣を瓦解させた。これも、日本はこのまま東條内閣のままであってはならないという強烈な信念ですよね。

サイパンが陥落し、絶対国防圏を破られた以上、事実上そこで戦争はもう「終わり」であることがわかっていた数少ない政治家です。

**河野**　サイパンからB29が飛来して、東京はじめ日本全土が空襲されますからね。

**門田**　一方的に空襲されて、先が見えてしまった。「これでもう何百万の一般の人が死ぬよりも、ここでもう降参しましょう」ということで、ちゃんと分かって進言しているところが現実主義者の岸さんらしいですよね。ところが、この段階になっても「一撃講和」論が出てくる。「このままでは国体が護持できない、天皇が戦犯になるかもしれない」と危惧して、どこかで米軍に一撃と共に大損害を与えて、そこで講和するという構想が登場し、サイパンの次はレイテだということで1944年10月のレイテ島の戦い、レイテ沖海戦へと突き進んでいく。しかし、連合艦隊は木っ端みじんにやられて、日本海軍はほぼ壊滅状態になった。そのあとは、ルソン島の戦い、硫黄島の戦い、東京大空襲、沖縄戦、広島、長崎への原爆投下、そして日ソ中立条約を無視したソ連軍の満洲・南樺太、千島侵攻となって日本は壊滅してしまう。

それを見越して、サイパン陥落の時に和平すべきだと進言していた岸さんのような先が分かっている人は政権内には少なかった。これは、いま、日本がやるべき政策について、ちゃんと分かっている高市早苗、西村康稔両大臣や萩生田光一政調会長がいくら提言しても、岸田首相には理解されないのと同じです。おかしなことです。68兆円という過去最高の税収があって、これからの5年間に的確に投資していけば、長年低迷していた日本経済を復活させることもできるのに、「皆さんはそういう投資はしなくていいですから、増税に備えてください」とアナウンスするようなものです。もう、どうにもなりません。

**河野**　リーダーはゴーサインを出すばかりではなくストップ、止める決断を下す勇気を持つことも必要なんです。太平洋戦争（大東亜戦争）にしても、ここで止めるべきだという時が何度かあった。サイパン陥落時がその典型でしたが、それ以降もレイテ海戦の敗北、沖縄陥落などがあって、ズルズルと負け戦が続いても「止める」という決断ができない。広島・長崎に原爆を落とされ、和平の仲介を期待していたソ連からも宣戦布告をされて、結局、最後には昭和天皇のご聖断をあおぐまで続いてしまった。

ポツダム宣言を受諾するか否かの御前会議（昭和20年8月9日深夜）に出席した鈴木貫太

郎首相、東郷茂徳外相、阿南惟幾《これちか》陸相、米内光政《よないみつまさ》海相、梅津美治郎《うめづよしじろう》参謀総長、豊田副武《とよだそえむ》軍令部総長、枢密院議長の平沼騏《き》一郎《いちろう》の中で、平沼、東郷、米内が終戦派で、阿南、梅津、豊田が抗戦派で、3対3ということになった。鈴木首相は自分の意見を述べずに、昭和天皇にご聖断を仰ぎ、やっとポツダム宣言受諾、終戦となった。

ビジネスも政治も「止める」「ストップ」をかけるべき時にそれを実行することが肝要です。私は基本的に「止める」決断は指揮官にしかできないし、それをできない指揮官は失格だと思います。

だから、岸さんも、全面講和論ではなく単独（多数）講和を選択した吉田さんと同じで、多角的な分析をした上で、サイパンが落ちたらもう終わりだから降参すべしと東條首相とやり合ったわけです

戦後の岸さんは、トップリーダー（首相）として、まず安保改定という目標を明確に示し、その目標を達成する強い意志を持って事に当たった。そして、その結果に対して責任を取りました。

**門田**　やはり、使命感、責任感、信念の人ですよね。日本の歴史のなかで、最も人が死んだのは、この昭和19年（1944年）7月のサイパン陥落から終戦（昭和20年8月）までの1年間です。有史以来この1年間ほど日本人が命を落とした期間はなく、大正生まれの人間

はこのとき、元年生まれの人が33歳、15年生まれの人は18歳から19歳でした。多くの大正生まれの兵たちがこの1年間に戦死し、そして一般国民も亡くなり、結局、総計では310万人もの死者が出る。大正生まれの男たちが主に太平洋戦争を戦ったわけですが、大正生まれの1348万人の男子のうち実に約200万人が戦死している。7人に1人が戦死・戦病死ですよ。この有史以来最大の悲劇の世代、これが大正生まれの人たちであることを忘れてはなりません。河野さんのお父さんも大正生まれでは？

**河野**　明治43年生まれでした。

**門田**　明治時代は45年までですから、ギリギリ明治だったんですね。大正世代は、要するに大本営の辻政信などがつくった兵站《へいたん》などを無視した、どうしようもない作戦であっても、戦地で黙々と遂行していった。日本人のパワーは基本的に「現場力」ですから。それで7人に1人が戦死・戦病死です。この不幸な世代の生き残った人たちは、戦後、武器を捨て、違うものに持ち換えて、戦後の経済成長を実現していった。1960年代以降の高度経済成長の主役も彼らです。こんな波瀾万丈の世代は稀有です。

私はこういう話を講演でもよくさせてもらうんですけど、みんなピンと来ない。皆さん、お父さん、おじいさん、若い人はひいおじいさんなど「大正生まれの人の顔、今、思い浮かべてください」って言う。でも、なかなかピンと来てくれないんですけど、すごい世代ですよ。

だから岸さんは前述のように太平洋戦争も昭和19年7月のサイパン陥落で終わったと分かり、国家再建に向けて東條打倒をやってのけた。その前には満洲国の運営も手がけ、戦後は日米安保改定をやってのけた。国家の命運の先を見通す眼力があったと言えます。「実行する」と同時に「止める」という決断も、両方やってのけたリーダーの一人だった。ちなみに、河野さんは自衛隊幹部時代に苦渋で止めた決断など、何かありますか。

**河野**　在任中に戦闘はなかったので、些末な話しかありませんが……。

しいていえば、私が、2003年に、護衛鑑「はるな」などを率いて、アフガン（タリバン）攻撃をしている多国籍軍支援のためインド洋の補給オペレーションを行った時のことですが、そのときは、普通は日本を出て、シンガポールに一度立ち寄って、そこで補給・給油をしてUAEのフジャイラに行き、そこを拠点にしてオペレーションをするのですが、当時、たまたまSARSがシンガポールで流行っていました。だから寄港を取り止めて、沖縄の南方で最後の洋上補給をやりました。でも、その時は天候が悪く、海が荒れていた。それで各艦の艦長に「出来るか？」と確認した。すると「出来る」というのでゴーサインを出しました。しかし、各艦を見ていると、もう波が甲板を洗うような状況になり、これは危ないと判断し、一転、ストップさせたんです。結局、省エネ航海でなんとかUAEまで直行しました。

そのとき思ったのは、ああいう時に「止める」という決断をするのは、トップの私にしか判断できないことだなと。

**門田**　部下も、危険だと思っても、上司から聞かれたら「大丈夫です、やれます」と言うものですからね。

**河野**　だからそういう時に、「止めましょう」っていう部下はなかなかいないものです。それを前提に、止める決断をするというのは、リーダーにとってはものすごく重要なことだと思いました。まぁ、私の体験は些末な決断ですが、先の太平洋戦争の最後の時の決断では、前述したように、ポツダム宣言受諾派と抗戦派とが3対3だから、昭和天皇にご聖断をいただいたのですが、ここはやはり鈴木貫太郎首相に決断してほしかったところですね。

ともあれ、リーダーは先を見通して目標を定めゴーサインを出すことが必要ですが、時には、手がけていた事業や作戦をストップする決定を下すことも必要になる。何度も言いますが、要は、止める決断ができるリーダーでもなくてはならない。「やりましょう」ということは部下からもよく言われますが、「止めましょう」と言う部下はそんなにはいないものです。

太平洋戦争にしても、前述したように決定的な負け戦を体験しても「止めましょう」と言う人は政治家にも軍人にもほとんどいなかった。誰も言い出さなかった。結局、ズルズルいってしまい、最後にやっと昭和天皇に聖断してもらった。リーダーなき戦前の日本の悲劇だったというべきです。同じ失敗を繰り返さないようにしなくてはいけません。しかし、次章で見るように、日中国交正常化交渉では、拙速外交を止めようという声がなかった。同じ悲劇を繰り返したといえるのかもしれません。

## ベトナム戦争で「反米」になった世論

**門田**　ともあれ、60年安保の時は、まだベトナム戦争もさほどの規模ではなかったけど、70年安保の時は、1965年2月にアメリカがベトナムで北爆を開始したこともあって、世界中でベトナム反戦運動が起こりました。日本でも同年4月に「ベトナムに平和を！市民連合」（ベ平連）が発足し、さまざまな左翼勢力が、日米安保の自動延長（1970年）を阻止しようと活発な活動をしました。学園紛争が拡大し、1969年1月に東大安田講堂を一時全共闘学生たちが占拠したりもした。よど号ハイジャック事件（1970年3月）なども起きた。

ベトナム戦争がピークで、アメリカ国内でも反戦運動が盛んで、日本でも全共闘世代（1960年代末から1970年代初頭にかけてあった全共闘運動に関わった世代。戦後ベビーブームに生まれた団塊の世代と一致）が、ちょうど大学生になっていたから、大きな騒動になった。日本のマスコミも、ベトコン（南ベトナム解放民族戦線）を祭り上げた。あの頃は報道もアメリカ非難一色でした。実際、「共産主義打倒」と言いながら、アメリカがやっていることと言えば、枯葉剤を撒《ま》いたり、北爆で一般民衆を殺戮したり、そんなことばかりじゃないか、と見られていました。毎日のニュースで必ずベトナム戦争のことは取り上げられていたし、初めての〝お茶の間で見る戦争〟だったわけです。

私は、ベトナム戦争に対して、日本人が反対するというのはわかるんですよ。日本は「大東亜の解放」を謳いながらも、シンガポール占領後に華僑抗日分子を掃討する「華僑粛清事件」もある。これも、辻政信による命令でしたね。日本のエリート軍人にもそういう酷いのが現にいるわけです。それが戦争です。

米軍による北爆は、そのまま、かつての日本空襲を想起させるものですよね。日本は戦争の反省のもとに「戦後をスタートさせた」はずなのに、ベトナム戦争を見て、日本の米軍基地から飛んでいき、ベトナム人を虐殺するのは、やはりおかしいと感じるのは当然だったと思うんです。私は1958年（昭和33年）生まれで、1970年（昭和45年）ごろはまだ小学生でしたが、当時のテレビニュースでベトナム戦争を呆然と見ていましたよ。

**河野**　いまのコロナやウクライナ戦争みたいな扱いでしたね。私は、当時は中学生になっていましたが……。ロシア（悪）対ウクライナ（善）ではないですが、アメリカ（悪）対ベトコン・北ベトナム（善）で色分けした報道をしていたのを覚えています。でも、当時から言われていたように、ベトコンは単なる北ベトナムの傀儡で、ベトナム戦争は、結局、北ベトナムによる侵略に対して、アメリカが南ベトナムを助けた感じでした。にもかかわらず、ベトナム戦争は、スペイン内戦ではないですが、南ベトナム内部の「内戦」のように見られ、アメリカは不当に介入しており、北ベトナムを攻撃（北爆）するのは、国際法違反だという見方が浸透していましたね。

**門田**　ピューリッツァー賞の沢田教一カメラマンの死はのちになって知りました。国会議員になったＴＢＳの田英夫《でんひでお》キャスターも印象的でしたね。田さんは、ベトナム戦争の報道をめぐって反米的だったということでキャスターを解任され、その後、昭和46年（１９７１年）の参議院選挙（全国区）に日本社会党から出馬して１９２万票もとってぶっちぎりのトップ当選を果たした。ソフトな語り口で、主婦層にも独特の人気がありました。その前の昭和44年（１９６９年）の総選挙では、社会党が50議席も減らして90議席になった。自民党は２８８議席の大勝。この総選挙の時、私の父親は社会党右派の江田三郎をとても尊敬していて、自宅には彼のサイン入りの扇子《せんす》もあったぐらいで、社会党ならぬ「江田」、すなわち「江・公・民」支持派でした。

私は子供の頃から、親とよく論争をしました。ベトナム戦争は、やはり日本人にかなり反米意識を植えつけましたよ。共産化のドミノ現象を押しとどめるという正義があったとしても、やっていることは圧倒的な物量による絨毯爆撃ですからね。

にもかかわらず、ベトコンなどがテト攻勢（1968年1月・旧正月）でサイゴンのアメリカ大使館を一時占拠したりした。そのときの映像もリアルタイムで見ましたが、命知らずのベトコンは、アメリカ兵がいくら撃ってもどんどん迫ってくる。「おお、怖っ！」ですよ（苦笑）。

一方、日本では、同時期には佐世保へのエンタープライズ寄港阻止運動（1968年1月）があった。この前も、佐世保に講演に行きましたが、寄港阻止を掲げた学生たちが警察官と衝突した米海軍佐世保基地へと続く平瀬橋と佐世保橋を見てきました。この橋を当時の学生たちは渡れなかった。

あのころはアメリカ軍も取材規制をしていなかったから、日本の作家の開高健さんなどもわりと自由に取材もできましたね。

**河野**　南ベトナムの国家警察総監グエン・ゴク・ロアンが、サイゴンの路上で、解放戦線の捕虜、グエン・ヴァン・レムを拳銃で即決処刑した場面を、カメラマンのエディ・アダムズが撮影して世界に衝撃を与えましたよね。

**門田**　あれはこわかったですね。撃った瞬間、捕虜がふにゃーっと倒れるシーンも、小学生の私が見ていたんですから。

**河野**　あれで、かなり反米世論が高まりましたよね。米国内でも。それはもう負のスパイラルですね。ジョンソン大統領も再出馬を断念する羽目にもなった。

60年に日米安保を改定して以降、在日米軍の爆撃機がベトナムに飛んでいって、そういう意味で「戦争に巻き込まれる」という言い方に耳を傾ける日本人もいたんでしょう。

しかし、そうした反米反安保的な政治運動が過激化し、あさま山荘事件（1972年2月）、イスラエル・テルアビブ空港射撃事件（1972年5月）、三菱重工爆破事件（1974年8月）のように銃や爆弾を使ったテロになっていくと、国民の支持を失い、自衛隊や日米安保条約を支持する国民が増えて今日に到っていますが、決して平坦な道ではなかった。

## 石原慎太郎も日米安保に反対だった⁉

**門田**　60年安保の時、ハガチー事件が起こりました。アイゼンハワー大統領の訪日日程その他を協議するため来日したハガチーが迎えの車に乗ろうとしたら、車が反対派メンバーに囲まれて立ち往生し、海兵隊のヘリで救出されました。学生たちも人海戦術で、素手で警官と戦っていた。ある種の正義感というか、「米軍の戦争になんで俺たちが付き合うんだ」というようなシンプルな反戦の気持ちがメインだった。だけど、そんなことでは日本は守れませんよということで、リアリストの岸首相は安保改定を実現した。

**河野**　吉田さんが独立時に交わした旧安保条約は、占領軍、進駐軍を在日米軍にしたというだけで、アメリカは日本を守る規定なんかなかった。それを、基地を貸しているにもかかわらず守らないっていうのはおかしいじゃないかって、信念を持って岸さんは安保改定をやられた。でも、なんであんな反対になったのか。説明不足だったのかもしれませんが、反米感情がまだ強く、共産国（中ソ）からの宣伝工作に乗せられた面もあったのでしょう。不幸にして、反対デモに参加していた東大の女性・樺美智子さんが亡くなったりしたことも火に油を注ぐことになった。あれは不幸な事件であって、別に警察が暴行したというわけでもなく、この前の韓国ソウルのイテウォン（梨泰院）で起きた大規模な転倒事故と同じく、デモ隊が倒れて圧死したものと言われています。

そういえば、『太陽の季節』で1956年に芥川賞を取り、華々しく文壇にデビューし、のちに国会議員、東京都知事として活躍した石原慎太郎さんも、60年安保のころは、『若い日本の会』のメンバーとして大江健三郎などと一緒に反安保を唱えていました。そのあと、保守政治家として一世を風靡《ふうび》しました。先述の田英夫さんは参院全国区で192万票をとりましたが、石原さんは三百万票も取った。この記録はいまだに破られていません。

**門田**　石原さんも安倍さんと同じく昨年亡くなりましたね。リーダーシップのある政治家といえます。石原慎太郎さんの「名言30選　心に響く言葉」というのがネットでも見られますが、ひとことで、ズバリと本質を貫く名言が多い。

（1）ありがたがることないよ、パンダぐらいで。

（2）（終戦記念日に菅首相と全閣僚が靖國参拝しなかったことに関して）日本人が堕落したから、こんな風になったんだ。あいつら人間じゃねぇんだ。

（3）（靖國神社へ参拝した理由は？）また（その質問）かね。あたりまえじゃないか、行くの。おれ、日本人なんだ。

(4)アメリカやロシアのような核をたくさん持っている国が、『自分たちも少しは減らすけど、お前たち持つな』という言い分も、非常に勝手。
(6)平和憲法は見直しではなく、廃棄すればいい。
(8)もし、(菅直人首相が自衛隊の)観閲式の国旗入場で立たなかったら、構わないから殴れ。殴られてもしょうがない。
(27)もし、君が年老いて、過去を振り返るときが来たなら、危機は自分の人生を充実させた最も幸福な瞬間であったことに気づくだろう。

河野さんは、安倍さんとは「濃厚接触」していたと思いますが、石原さんとはおつきあいはあったのですか?

**河野**　いやいや、接点はなかったですね。

**門田**　私はインタビューも含めて何度かお会いしましたが、まぁ、態度は大きな人ですよね。「大柄《おおへい》」に背広を着せたら石原慎太郎さんになる(笑)。

**河野**　でも、ぶっきらぼうでも、やはり石原さんには愛嬌というか明るさがありましたね。それはリーダーとしても大事な資質だと思います。

**門田**　ユーモアもありました。官僚まかせではない独自のアイデアで国政や都政でも活躍しました。

**河野**　だからリーダーとしての条件を備えていると思います。そのあたりは都知事になってからの施策にも現れています。尖閣諸島の都による購入計画やディーゼル排ガス規制、外形課税評価など、物議をかもしつつも、何かやってくれるのではないかという期待を国民に抱かせた。

**門田**　その点が小池百合子都知事とはまるで違いますね。石原さんが一番最初に大臣になったのは環境庁長官でした。そのとき、記者クラブがいろいろと大臣に注文してきたけど、彼は無視して「そんな必要はなし」と耳を傾けない。そこで、産経を除く全紙が長官の記者会見をボイコットした。すると、記者会見は、長官と産経記者の一問一答みたいになり、普通の会見でしゃべっていることが全部、産経の「スクープ」になっていった。しばらくそんな状態が続いたのですが、やがて他紙が折れて記者会見に出るようになったそうです。石原さんは一事が万事そういうことで、マスコミに対して物おじせず、ズケズケと言いたいことを言い続けました。最後までそれを通したのがすごいし、そこが魅力でしたね。

都知事の時も、２０１２年4月16日、訪問先のワシントンで、尖閣諸島の魚釣島、北小島、南小島の三島の購入に向けて、土地所有者である埼玉県の実業家と交渉していることを明らかにした。それをめぐって朝日なんかが知事の仕事ではないと批判したりしましたが、記者会見で、そんな朝日記者の質問に対して「朝日はウソばっかり書く」「君は何が言いたいんだ」「君の個人の意見を言ってみろ」とか、もう記者に向かって、どんどん攻め込んでいく。ああいう信念というかガッツが今の政治家たちにも欲しいですよね。

**河野**　だから、安倍さんや吉田さんもそうですけど、石原さんにしてもユーモアがあるじゃないですか。要は、偉大なる常識人であり、明るいユーモアがあることがリーダーに必要な資質だと思います。

## レーガンのユーモアと大風呂敷が世界を救った

**河野**　その点は、アメリカだとレーガン大統領が出色でした。当選した時は、トランプさん同様に米マスコミの反応は冷やか。「三流俳優上がりのカウボーイ」だとか、「超タカ派の軍拡政治家」だとか日本のマスコミでも喧伝されました。大学も一流大学出ではないとして軽く見られていた。でも、二期務めて、ソ連を崩壊させる立役者となり、後世に高く評価される政治家となりましたが、やはり偉大なる常識人でユーモアがあったことも、その評価に貢献したといえます。

就任直後に車に乗り込む時に安倍さんのように銃撃された（1981年3月）。レーガンは出血を伴う重傷でしたが、意識ははっきりしていたこともあって、手術で麻酔をかけられる直前に執刀医に対して、「諸君がみな共和党員だといいんだがねぇ」とジョークを飛ばした。すると、執刀医は民主党員だったけど、彼は、「大統領、今日一日われわれはみな共和党員です」と答えたという実話が残っています。

生きるか死ぬかという「危機の際にもユーモアを忘れない」という、指導者のあるべき姿を体現したとして人気が高まった。

さらにレーガンの偉大なのは、核戦略を大胆に変えたことです。それまでの核理論は、相互確証破壊（Mutual Assured Destruction）という考えに基づいていました。いわゆるMAD。仮に相手（ソ連）から先制攻撃を受けた場合でも、アメリカは残った核兵器でソ連に対して甚大な被害を与えることが可能で、そういう風に互いに核による報復を可能にすることで核戦争を起こさないようにできると考えていた。

この戦略を成立させるためには米ソ両国が核戦力で報復できる体制を作る必要があり、1972年にはABM制限条約（Anti-Ballistic Missile Treaty）が締結され、ICBMなどを迎撃するミサイル・システムの開発が制限されていました。つまり自国民を丸裸にするということです。その戦略が当然のものとみなされていたのですが、レーガン大統領は、

「私はアメリカの大統領であり、大統領の仕事はアメリカの国民を守るのが仕事だ。なぜ、その大統領が国民を人質に差し出さなければならないのか。オカシイ」と言い出した。そこで出てきたのが、いわゆるスターウォーズ計画と呼ばれましたが、戦略防衛構想(Strategic Defense Initiative)SDIでした。衛星軌道上にミサイル衛星やレーザー衛星、早期警戒衛星などを配備して、それらと地上の迎撃システムが連携して敵国から発射された大陸間弾道弾などを迎撃するというものでした。

**門田**　「相互確証破壊」を突如止めて、「戦略防衛構想」に改めた。MADからSDIへの大転換です。SDIは結局完成することはなかったけど、このままだと、ソ連はもうアメリカには勝てないということでギブアップしてソ連が崩壊し、欧州方面での東西冷戦が終わることになりました。

**河野**　そうです。当時のベススメルトヌイフ外相も、SDIが原因でソ連は負けたと語っていました。このSDIが今のBMD(弾道ミサイル防衛)につながっている。SDIが出てきて、ゴルバチョフは腰を抜かしたわけですよ。核戦略の大家たちも、「こんなバカなことを言うやつがいるんだ」と唖然としたけど、レーガンの広げた大風呂敷によって、米ソ間の東西冷戦は終わった。レーガンはお互いの国民を人質にして核均衡を保つのはおかしいという常識から、SDIを打ち出したけど、偉大な常識論が勝利したわけです。

**門田**　それはリーダーの条件に重要な要素ですね。

**河野**　だから、やはり常識をリーダーは絶対備えておかないといけない。石原さんも日本核武装論や憲法廃止論などを展開しましたが、それもレーガンと同じく、日本国民が生き残るためにそれらが必要だと感じたから正直に述べたのではないでしょうか。ところが、左翼のイデオロギーに毒されている人たちには常識がない人達が多い。全部イデオロギーで変な方向に捻じ曲げて考える。だから共産主義はうまくいかない。

**門田**　レーガンのＳＤＩの提案もそうだったけど、石原さんが、尖閣を買おうとしたのも、ある意味では「えっ」「まさか？」の世界でしたよね。でも、当時の民主党の野田政権が、慌てて、東京都によるその売買を止めさせて、政府が買い上げることにしてしまったため逆にうまくいかなくなった。あのまま東京都が購入し、石原さんの決断で、灯台などを設置して実効支配をより明確にしていれば、今日のような中国艦船による連日の尖閣詣で、領海侵犯もなかったかもしれない。

**河野**　日中間で平和友好条約をめぐって交渉している時、１９７８年（昭和53年）４月に、突如として、機銃で武装した百隻を超える中国漁船が海上保安庁の退去命令を無視して尖閣に押し寄せ領海侵犯を繰り返したことがありました。福田赳夫政権が抗議すると中国側は、事件は「偶発的」と応えたのですが、その数カ月後に日中平和友好条約が結ばれた。

鄧小平も来日して、尖閣問題については「われわれの世代の人間は知恵が足りない。われわれのこの話し合いはまとまらないが、次の世代はわれわれよりももっと知恵があろう。その時は誰もが受け入れられる、いい解決方法を見いだせるだろう」と発言して、うやむやになってしまった。

**門田** あの時の中国には海軍力がなく、日本のほうが優勢だったから「今は棚上げにしておきましょう。それまでは何もしないで、しかし、いずれ……」ということです。もちろん、鄧小平はすべてを見越して言っていました。

**河野** 「お願いだから何もしないで」ということ。あのとき、日本が灯台建設とか既成事実を尖閣につくっておけば、向こうは手の出しようがなかった。米軍も加えれば、日本のほうが圧倒的に強かった。あのときの千載一遇のチャンスを逃してズルズルときてしまった。いまや、中国海軍は空母も持って、海上自衛隊単独ではまったく対処できなくなった。逆に、鄧小平は中国の国益を考えて、その目標実現（尖閣奪取）のために強い意志を発揮したことにもなり、敵将としては天晴れだったという見方も成り立つ。

**門田** 中国のリーダーは貪欲に国益を追求してきました。70年以上前から今日に至るまでの中国共産党による緻密かつ大胆な対日工作の実態については、『日中友好侵略史』（産経新聞出版）でも書きましたけど、日本が圧倒的に優勢な時から、中国の掌《てのひら》で転がさせられてきたのです。やられっぱなしです。

**河野**　そうです。

**門田**　次章では、半世紀前の日中国交正常化をめぐって、国益第一を忘れて功名心と贖罪意識に囚《とら》われ、国策を誤ったリーダーたちについて議論していきましょう。安倍さんも、おそらく反面教師にしていたと思います。

# 第三章

# 国策を誤ったリーダーたちの罪と罰

## （田中角栄・大平正芳）

## 角栄の「功名心」と大平の「贖罪意識」が国を誤らせた

**門田**　前章でも少し触れた石原慎太郎さんは、日中国交回復前には青嵐会を立ちあげて幹事長に就任し、指を切って〝仲間の誓い〟をする血判状まで作りました。当然、日中国交回復を推進した田中角栄内閣を批判する急先鋒でした。その石原さんが晩年になって、田中角栄を評価する本（『天才』。幻冬舎）を書いたりしましたが、日中国交回復をめぐっては、田中角栄の功名心、大平正芳の贖罪意識の二人が国を誤らせたと私は考えています。

日本があんなに息せききって台湾を切り捨て「すべての条件を呑みます」と日中国交〝正常化〟をやる必要など、まったくなかった。けれども、政治家としての功名心が勝って、田中は国益を忘れたのだと思います。

ただ、私は、田中角栄の政治家としてのパワーはすごいと思う。それが最も表れたのが、1962年7月、第2次池田内閣で、田中が40代前半で大蔵大臣に就任したときです。東大出ばかりのエリートの牙城に乗り込んでいって、彼らを前に田中はこう演説をしました。

「私が田中角栄であります。皆さんもご存じの通り、高等小学校卒業であります。皆さんは全国から集まった天下の秀才で、金融、財政の専門家ばかりだ。かく申す小生は素人ではありますが、トゲの多い門松をたくさんくぐってきており、いささか仕事のコツは知っているつもりであります。これから一緒に国家のために仕事をしていくことになりますが、お互いが信頼し合うことが大切だと思います。従って、今日ただ今から、大臣室の扉はいつでも開けておきます。我と思わん者は、今年入省した若手諸君も遠慮なく大臣室に来てください。そして、何でも言ってほしい。上司の許可を取る必要はありません。できることはやる。できないことはやらない。しかし、すべての責任はこの田中角栄が負います。以上！」

**河野**　この演説の内容は、冒頭で述べたリーダーの3条件（目標を明確に示し、その目標を達成する強い意志を持ち、その結果に対して責任を取る）を満たしていますね。

**門田**　このド迫力の演説、「俺が責任を取るからなんでも言ってこい」と言われて、大蔵官僚たちはみんなポカーンとしてしまった。大蔵官僚たちは、自分自身はむろんのこと、「上司」にあたる政治家にしても「責任を取る」という感覚がないから（笑）。

こういった人心掌握術に長《た》けていたのは高く評価できます。しかし、1972年（昭和47年）7月の自民党総裁選挙で福田赳夫を制して総理総裁になり、田中政権が発足。そして9月には訪中して、日中共同声明に調印し国交を樹立し、日華平和条約を失効させた。当時、田中首相の秘書官だった通産省の小長啓一さんに伺いましたが、田中さんは総理になる前から、なったら何をするかを考えていました。中国との国交正常化は、総理に就任してすぐにやりましたが、「今太閤ともてはやされ、権力絶頂の時にこそ、一番難しい問題に挑戦しなきゃいかん」と言っていたとのことでした。「中国の周恩来や毛沢東などの革命第一世代が目の黒いうちにやらないとダメだ」とも。

1972年2月にニクソン大統領が中国を訪問して共同声明を出しました。田中訪中の7カ月前です。しかし、この時、アメリカは国交樹立には到っていません。アメリカより早く国交樹立を、と田中は功名心にかられました。そして大平外相は外相で、中国に対して贖罪意識を持っていた。

大平さんの娘婿の森田一さんにもいろいろと伺いましたが、大平さんは、1936年に大蔵省に入り、1939年から中国の興亜院（対中国占領政策を扱っていた中央機関）に出向し、その連絡部の一つである内蒙古の張家口に赴任しています。そこで日本がアヘンの密売買に関わっていて、それを知っていたからだと言う。

でも、私は、森田さんに「そのとき日本が戦っていたのは、国民党、いわゆる蒋介石軍ですよ。台湾にいる蒋介石のほうには贖罪意識を持たないんですか？」と素朴な質問をしたら、「そう言われればそうですね。要は蔣介石が嫌いだったのかな」というような話になりました。「なんで嫌いなんですか。共産主義の毛沢東のほうは好きだったんですか」とも聞いたのですが、「そのへんは分からんな」ということでした。いずれにせよ、大平さんが中国に対して、若い頃の体験から強い贖罪意識を持っていたということはよく分かりました。

**河野**　個人の感情を外交に反映するのはよくないことでしたね。

**門田**　田中角栄の話に戻ると、佐藤栄作内閣末期の1972年5月15日に沖縄が返還された。戦争もなく、一発の弾も撃たないまま領土が戻ってくるなんて、世界史上あり得ないことを、佐藤栄作は成し遂げた。「万歳、万歳」と祝賀ムードがすごかったですよね。

その背景には、自殺してしまったけど若泉敬さんが首相の密使となって、アメリカとやり合ったおかげもあったし、核の密約（有事の際に沖縄への核持ち込みを容認）もあってのことでした。田中角栄は、歴史に名前を残すということは「こういうことなんだ」と見ていたわけです。当時、田中は佐藤内閣で通産大臣をやっていました。ライバルの福田は外相でした。

田中政権が発足するやいなや、まず最初に、日中復交を成し遂げようと決意した。そんなに慌ててやる必要もなく、向こうが日華断交を強硬に要求していたのに対しては、「日本と台湾は長い間、つき合いもあり、大戦終了後、〃以徳報怨〃の精神で百万を越える日本の支那派遣軍の兵たちを速やかに帰還させてくれた蔣介石に対して後ろ足で砂をかけるようなことはできない。そのあたりはゆっくり議論していきましょう」とやればいいのに、そんな交渉もせず、ただ〃丸呑み〃です。

中国の言う「復交三原則」（1「中華人民共和国政府が中国を代表する唯一の合法政府である」2「台湾は中国の不可分の領土である」3「日華平和条約は不法無効であり廃棄されるべきである」）にしても、それらは「我々の条件ではない」と言い合えばいいだけのこと。しかし、前述のように、田中角栄は「功名心」を、大平正芳は「贖罪意識」を優先させて台湾を切り捨てて日中国交回復に突っ走ってしまった。私は、その点では田中角栄の評価は低くなります。人心掌握術は素晴らしいが、何よりも功名心が勝る政治家だったと思います。その点は、『日中友好侵略史』で詳述しましたので、これ以上は繰り返しませんが、石原慎太郎さんが、なぜ、晩年になって角栄を持ち上げたのか、私は理解に苦しみます。

ともあれ、そんな過程を経て、日中関係は、「中国の思い通り」になってしまった。そのために、日本防衛の最前線にいる河野さんはじめ、現場の自衛隊などが苦労してきました。中国は、1970年まで、尖閣のことなどひと言も言ってなかった。1969年から70年に行なわれた国連による東シナ海での海洋調査で、尖閣諸島の周辺海域にも石油など地下資源があることがほぼ確実であると判明してから、急に言い出したわけです。

**河野**　国際政治学が専門だった高坂正堯さんも、1965年に刊行した『海洋国家日本の構想』（中央公論社）で、「日本と中共の間の意見と利害の対立する、直接かつ具体的な問題とは何であろうか。幸せなことに、日本はインドのように国境紛争をもってはいない」と指摘していました。当時、尖閣などなんの問題もなかった。

**門田**　それなのに、完全に中国のペースで尖閣が弄ばれてきている。いまや、連日、中国公船が領海侵犯。要は、外交がないっていうことですよ。日本にはまともな外交はない。相手の言い分をうのみにして〝相手を喜ばせるのが外交〟だと外務省は思っていますから。言い返すということをしてこなかったツケがもろに出ている。

**河野**　田中角栄さんの政治ビジョンを打ち上げた『日本列島改造論』（日刊工業新聞社）にしても、内政ばかりでいわゆる防衛政策と安全保障政策のビジョンは特になかった。

**門田**　ないですよ。要するに田中・大平さんは戦後ジャーナリズムというか、戦後の日本の平和ボケ言論の雰囲気の中にどっぷり浸かった2人でした。といっても、あの頃はほとんどの政治家がそうでしたが……。

## 軍事のイロハを知らない日本の政治家たち

**河野**　1980年代前後は、ソ連の軍事力の脅威が高まり、それにどう自由世界が対抗するかが大問題になっていました。とりわけ欧州ではソ連の配備した中距離弾道核ミサイルSS20に対して、それを無力化するためにアメリカの中距離弾道核ミサイルパーシングⅡ（米国陸軍の地対地戦術用弾道ミサイル）と巡航ミサイルを配備する是非が問われていました。そのとき、1979年に開かれた西独のシュミット首相と日本の福田赳夫首相の会談の中で、シュミットがSS20をどう思うかと聞いたことがあった。すると、福田さんはSS20のことをなにもしらず、それって何？　という反応を示したので、シュミットが呆れたという逸話があります。日中復交時には台湾派でタカ派と言われていた福田さんでもその程度だった。

それほど安全保障というか国防に関する知識が政治家にも欠けていた。1986年には国防会議を改組した安全保障会議ができるのですが、「国家」という文字をあえて外した。そのあと、安倍内閣の時の2013年に「国家安全保障会議設置法」が出来て、やっと「国家安全保障会議」（NSC）が発足したのです。

**門田**　大平さんは首相時代には「田園都市構想」とか耳触りのいいことはやっていたけど、国防にはあまり関心がなく、国交回復後の中国に対しても、贖罪意識から政府開発援助（ODA）の大盤振る舞いをやりました。大平さんはこれを「戦後賠償だ」と言って始めたのです。これらはすべて〝ヒモつき〟で中国のインフラ整備は日本企業が独占してやりました。つまり、利権が絡んでのことです。

こういう利権がらみの中国外交によって、中国をこれほどまでに増長させ、経済・軍事大国に成長させてしまい、ウイグルなどの人権弾圧への国会決議でも名指しさえできず、意味もほとんどない内容になってしまいました。情けないですよ。その原点が、押しに押された日中国交回復時の稚拙《ちせつ》な日本外交から始まっています。

それに比べ中国のしたたかさには舌を巻きます。大躍進政策、そして文化大革命などで、中国の大地は荒廃し、悲惨なありさまでした。中国共産党首脳部は、日本のカネ、技術、人材をすべて活用することで、中国を成長させていこうとした。

1950年代から始まっていた周恩来の指揮下の廖承志《りょうしょうし》を中心とする対日工作の「日本組」の緻密な工作はすごい。カネに目のない人間にはカネ、女に目のない人間には女、そのほかにもカネと女に興味のない人間にはその人物の趣味を徹底的に調べ上げて工作していった。

『日中友好侵略史』には、清貧な政治家・松村謙三の趣味が「ランの花」であることを探り出し、中国に蘭協会までつくって訪中を促し、中国にしかない稀少なランを松村にプレゼントしています。そういう細かな工作は、どこにも真似のできないものでした。

**河野** 中国ならではですね。

**門田** 国交回復交渉前に公明党の竹入義勝が中国に行って周恩来から「戦時賠償は求めない」と聞かされます。中国側は事前に、「戦時賠償」が日本側のネックになっていることを摑《つか》んでいました。そのために、わざわざ竹入を中国に呼んで、そのことを伝えたのです。しかも、彼らが老獪なのは、そのほうが日本から莫大な資金を引き出せることがわかっていたことです。

一度で引き出せる戦時賠償は金額が大きくても限度があります。しかし、これをのちのODA（政府開発援助）として取っていくとしたらどうか。これには際限がありませんよね。つまり、「戦時賠償なし」というのは、延々と「経済援助」という形でお金を「むしり取られる」という意味なんです。

実際、大平さんが首相になって、前述のとおり対中ODAが始まり（1979年）、ついこの前の2022年3月になってやっと終了しました。42年間で、日本が低金利で長期に資金を貸す「円借款」が約3兆3165億円、無償でお金を供与する「無償資金協力」は約

1576億円。このほか日本語教師派遣などの「技術協力」約1858億円。大平さんは、秘書であり、娘婿でもある森田一さんに「これは戦時賠償なんだ」と正直におっしゃっていたそうです。これが、中国にいいように転がされた対中外交の実態なんです。

**河野**　そういう支援に終止符を打ったのが安倍晋三元首相でした。2018年10月訪中した安倍氏が日中平和友好条約発効40周年行事で、「中国は世界第2位の経済大国に発展し、(ODAは)その歴史的使命を終えた」と述べてやっとピリオドが打たれました。中国は、その援助で浮いた分を自国の軍拡などに回すことができた。ニクソンは中国を支援してフランケンシュタインを作ってしまったと悔悟したといいますが、日本も同様のことをしてしまったといえます。

ともあれ、大平さんの急死の後を継いだ鈴木善幸さんにいたっては、1981年5月のレーガン大統領との会談のあとで出した共同声明で記された「同盟関係」には「軍事的側面を含まない」と発言して、伊東正義外相や高島益郎《ますお》外務事務次官が辞任する騒ぎも起こした。とにもかくにも、「国家」や「軍事」を嫌う風潮が強かった。

**門田**　宏池会は昔からずっとそうですよね。宮沢喜一さんの天皇訪中容認(1992年)にしても、河野洋平や加藤紘一のペコペコペッタンの慰安婦謝罪や媚中ぶりにしても、もう歴史認識が欠如し、信念がないから、としか言いようがない。そして、その宏池会出身の岸田さんがいま日本の首相になっている。日本の現実主義者たちは辛いと思います。

**河野**　河野洋平さんは毎日新聞（2022年9月27日）のインタビュー（「対話以外に道なし」）で、「インド太平洋」という構想を批判し、「アジア太平洋」がいいと指摘しています。

「『自由で開かれたインド太平洋』という構想がある。中国包囲網とは言ってはいないが、そういう意味があるのだろう。しかし、私がずっと関わってきたのは『アジア太平洋』であって『インド太平洋』ではない。日本はアジア太平洋によって立っている国だ。アジアから太平洋を見ることが、時代が変わっても変わらない日本の基本であるべきだ」

要は反安倍からの思いでそう言っているだけでしょう。

**門田**　「中国包囲網は許せない」というのは媚中派の信念です。彼らは中国の利益代弁者ですから。

## 丸裸にされていた「訪中団」随行員のプライバシー

**河野**　そもそも、ニクソン政権の時に、アメリカが中国に接近したのは、対ソ牽制のためだった。それを中国が受け入れたのも、対ソ牽制に必要だったからです。

**門田**　『日中友好侵略史』でも触れましたが、1971年7月の「ニクソンショック」（キッシンジャー補佐官の極秘訪中、1972年にニクソン大統領訪中予定の発表）以前から、中国は「中ソ対立」の深刻化からソ連による中国への核攻撃があると本気で心配していました。1969年3月にウスリー川のダマンスキー島（珍宝島）をめぐって中ソの間で軍事衝突も起きていたし、同年8月には新疆ウイグル自治区の中ソ国境でより大きな武力衝突が起こり、ソ連の核使用の可能性などの緊張が高まっていました。

**河野**　ちょうどいまのウクライナ戦争の時のような状況で、当時の中国は核をもっていたとしても、ソ連に比べればその数は少なく核バランスはソ連が圧倒的に優位だった。

**門田**　だから、当時、北京や上海では、ソ連の核攻撃を想定して、定期的に避難訓練をしていたのです。当時小学生だった中国人から、「避難訓練は毎週ありました。真剣にやっていました。先生の指示に従って一斉に避難所（地下施設）に走るんです」と教えてもらいました。私が「核攻撃に対して避難訓練をしても仕方ないでしょう」と言ったら、その中国人は「それは大人になればわかるけど、子供の時はわからないよ」と笑っていました。

中国は、そこまで追い詰められていたところに、アメリカから救いの手が差し伸べられた。自由世界は、中ソ対立がそれほどまでに抜き差しならぬものになっていることなど、まったく知りませんでした。アメリカが中ソ対立の深刻さを知ったのは、ダマンスキー事件のあと、ソ連から「中国をソ連が核攻撃した場合、アメリカはどんな反応をするのか」という問い合わせがあったからなんです。そこで、やっと対立の深刻さを知ったのです。

アメリカもベトナム戦争の泥沼に嵌まっていてそれから抜け出す上で、中ソ対立はありがたかった。そしてキッシンジャーが1971年7月、極秘に中国にやって来るわけです。

**河野** そういう中国の苦境を日本は全然知らずに、ノーテンキに「バスに乗り遅れるな」で、アメリカでさえ、カーター政権になってやっと実現した米中国交樹立（1979年1月）に先立って、1972年9月に日中国交回復を拙速でやってしまった。

**門田** 日本には、そういう戦略的思考は何もありませんよ。中ソ対立がそこまで深刻なことも、もちろん、文革で中国全土が荒野と化していることも、把握していませんでした。つまり、「丸裸」のまま、相手の事情などまったくわかっていなかったのです。

一方の中国は入念な下調べをしていました。たとえば、田中訪中団に同行した小長啓一秘書官が周恩来の挨拶を受けた時、こんなことがあったと聞きました。

「私の顔を見て、周恩来さんがいきなり『あなたが列島改造論のゴーストライターですね？』と仰ったんです」と。その瞬間、小長さんの顔はこわばったそうですよ。当然ですよね。日本側は中国のことが何もわかっていないんですから。小長さんは、「そこまで調べているのか……。〝まずいな〟というよりも〝すごいな〟という感じの方が強かったですね」と回想していました。

小長さん以外にも、大平外相の森田一秘書官も同様に周恩来と握手していますが、「中国側は秘書官の名前も全部、わかっていた。だって、周恩来さんは、僕の顔を見るなり、〝森田さん〟と言いました。事前に勉強しているんですよ。一人一人について全部わかっている感じでしたね」。

そう証言されました。しかも、随行した日本の各新聞社の特派員たちには、新華社の記者たちが接遇したのですが、彼ら彼女たちも日本の記者全員の経歴を把握していたそうです。

**河野**　名前や経歴だけならまだしも、好みの女性まで調べられてハニトラにあったりしていなかったか心配になりますね（笑）。大蔵省にいた髙橋洋一さんが中国に出張した時、ホテルの部屋に自分が好きだった薬師丸ひろ子のそっくりさんがやってきたとか？　髙橋さんはちゃんと拒絶したから、その顚末を証言できるけど、ひっかかった政治家や官僚もいたのではないでしょうか。

**門田**　橋本龍太郎首相のハニトラの件も、『日中友好侵略史』で詳述しました。これは、外交官の親を持ち、5歳から工作員としての教育を受けた女性に橋本氏が蔵相時代にやられてしまいました。さまざまなエピソードがありますが、本に詳しく書いたので、そちらをご覧ください。中国を訪問する時は、配偶者と共にでかけるべきであることは間違いありませんね。

ともあれ、日中正常化交渉の時、中国側は最初に「あなたたちは、丸裸ですよ」ということを伝えたわけです。つまり、日中国交正常化交渉において、中国側はすべてを調べ上げて緻密な戦略を練って待ち構えていたということです。日本は、中国の裏事情（中ソ対立激化、文革で国内は極限まで荒廃）を知らずに、ただ「バスに乗り遅れるな」ということで、中国に飛び込んだのです。だから、交渉の冒頭で、日本側から台湾との関係を清算し、日華平和条約は日中国交正常化が成った瞬間に「終了する」と申し出た。もうどうしようもないですよ。

**河野**　そして、外交的に大勝利をおさめた中国は、正常化のあと、1972年10月にカンカン、ランランのパンダを上野動物園に「派遣」して、最後の仕上げをしました。

**門田**　当時の日本人にとって、パンダはほとんど見たことのない動物。パンダの中でも選りすぐりのかわいらしいパンダを送ってきた。日本人は夢中になって、あのときの中国への好感度は90％以上になったんじゃないですか。河野さんは当時高校生でしたが、どう感じられましたか。

**河野**　いや、別に何の関心も起こりませんでした。

**門田**　えぇ？　そうですか。別に見に行きたいとも？

**河野**　全然、思わない。今までも見たことないんじゃないかな（笑）。門田さんは、見に行きたいと思ったんですか？

**門田**　私は高知に住んでいたので行く機会もなかったのですが、後年、子供が生まれてからやっと上野公園に見に行きました。最初にパンダがやってきたときの異常な興奮を思い出しながら、見ましたよ。日本国中が、あのぬいぐるみみたいな、見たこともない、つぶらな瞳にやられましたね。でも、いまからすると、中国のそういう硬軟まじえた対日外交にしてやられた感は否めないですね。

**河野**　そのあたりは家永三郎さんの孫にあたる家永真幸さんが『中国パンダ外交史』（講談社選書メチエ）、『パンダ外交』（メディアファクトリー新書）、『国宝の政治史　「中国」の故宮とパンダ』（東京大学出版会）の中で詳しく分析しています。一種の洗脳工作として「パンダ」が使われて、日本人はそれにひっかかったともいえるのではないでしょうか。私は現物のパンダを見たことも見たいと思ったこともなかったのですが、かなりの変人だったのかもしれません（笑）。

## 田中角栄と周恩来の大論争の果てに

**門田**　でも、劣勢続きの日中交渉の中で、唯一、高島益郎条約局長が「正論」を展開したことを忘れてはなりません。9月25日に中国に田中訪中団が乗り込みますよね。その日から、交渉はスタートしているのですが、実務的なのは、26日の午前から始まり、早速、日華平和条約をもって戦争が終結したことについて高島さんが触れ、「日本と中国の間に戦争状態は存在していない」として、日中間の賠償問題についても、「日本が講和（サンフランシスコ平和条約）を結んだときに、すべて解決済み」と発言した。これに中国側が反発し、周恩来が高島局長を「法匪《ほうひ》（＝法律知識を悪用する法曹関係者）」と批判したと伝えられています。

これは中国側も譲れない事柄だったのです。周恩来が「1952年に日華平和条約が締結されたというが、中華人民共和国はすでに1949年に成立している。その時点でわれわれは大陸全土を支配しており、台湾島に逃げてそこを支配しただけの国民政府が全中国を代表して日本との戦争状態を終結したなどと言うのか。それはとんでもない話だ」と痛烈に反論してきたのです。

そう言われると、まぁ、たしかにそういう理屈もありえるわけですよ（苦笑）。でも、前年（1971年）まで国連の常任理事国、つまり〝五大国〟の一角だった中華民国政府相手に結んだ条約なんだから国際法的に有効であると高島さんはまた反論するわけですが、「お前、なに抜かしとんねん（お前何言うてるねん）」の世界になってしまい、暗礁に乗り上げてしまった。

それで、その日の夜に宿舎の釣魚台賓館に戻ってきた日本側一行（田中、大平、高島ほか）はお通夜みたいな状況になってしまった。高島さんは、自分の発言でそうなったのでシュンとしている。誰も食事をとろうとしない。そうしたら田中角栄が、「大学を出たヤツはこういうときはダメだなあ。修羅場《しゅらば》に弱い」と諭《さと》して、「とにかくメシを食おう」となって、気を取り直した。

翌日以降の交渉で、田中角栄は、同じように攻めてくる周恩来に対して、さっと話題を変えて、「日本ではまだ議論が集約されていない。むしろ早すぎる、と言っている連中もいる。そういう意味では、自分はもしかしたらこの機会しかない、という決死の覚悟で来ているんだ。それをちゃんとわかってくれ」と言った。

**河野**　暗に、これ以上、うるさいことをいうと決裂して帰ってもいいということを示唆したわけですね。

**門田**　そうです。

**河野**　その点は、角栄さんは偉かったですね。

**門田**　小長さんから聞いたのですが、田中は、さらに周恩来に対してこう言ったそうです。「一体制のおたくとわが方が、このチャンスを逸したら、いつうまくいけるかわからない。今こそチャンスじゃないか」と。それでも周恩来が納得しないので、「垣根争いをしている隣同士が、娘、息子を結婚させようという時に、過去のことを言挙《ことあ》げして、ああでもない、こうでもない、というのはいかがなものか?」とも諭したという。

するとと周恩来は「日中の話を隣家同士の話にするとは何事だ」と言いました。そんなやりとりの中、田中が、「あなた方は日本軍がどうのこうの、とばかり責めるけれども、歴史を振り返ってみると、元寇《げんこう》というのがあったね。その時、中国の大軍が日本に押しかけてきて、たまたま台風が吹いたものだから、上陸はできなかった。だが、もし吹いていなかったら上陸して、日本は侵略を受けておった」という話までした。周恩来は「元は中国じゃない」と反論したらしいが、そのあたりで「もう、この話はやめよう」ということになった。

**河野**　周恩来は、交渉が決裂すると困るのは自分のほうだから、そこで引いたんですね。

**門田**　そうです。ここは、田中角栄のすごいところですよね。その点、大平さんは、森田一さんの話とかを聞いていても、もう真面目すぎる。大学出（東京商大。いまの一橋大学）ですからね（笑）。記者会見の前の晩に、どういうことを語るか、事前にメモを書いて、それを頭に入れたら破ってごみ箱に捨てていたと森田さんが言っていました。彼はそれを拾って回収していたんです。中国が用意した宿舎ですから、そんなのを向こうに回収されたら手の内を見せることになりますからね。

**河野**　そんな田中さんであっても、中国相手には位負けしています。そういった拙速外交のツケが、今日の日中摩擦を生み出していることを考えると、早まったというしかないですね。

## 「一知半解」の元外相岡田克也の国会質問

**門田**　戦前生まれの大平さんならまだしも、戦後生まれの政治家で、中国に過剰な贖罪意識を持ち、中国に迎合する政治家はヤマほどいます。たとえば、立憲の岡田克也幹事長は2022年10月17日の衆院予算委員会で岸田首相に対し、台湾独立についての考え方を質問。台湾の独立を支持してもらえると思う人が台湾内で増えた場合、「その動きは止められなくなるかもしれない。それはわれわれ日本にとっても耐え難い状況が生まれる。だから台湾は友人だが、独立は支持できない」と述べた。

この発言の前に、8月29日の衆院予算委員会では、同党の末松義規衆院議員が「台湾が独立するというような動きは封じていかなければならない」と発言し、岸田氏に「台湾独立は支持しない」と明言するよう促したのです。

台湾が独立するかしないかは、台湾人自身が決めることであることは言うまでもありません。それを日本の首相に「独立は支持できない」と言わせるって、どういうことですか。もちろん、岡田さんなどに、そんなことを要求する権利はないし、あり得ないことです。頭の中が完全に捩《ね》じれているというしかない。民主党政権のときには、こんな人が外務大臣をやっていたと思うと背筋が寒くなります。

民主主義の立場から「中国に対して、力による現状変更は認めないと明言せよ」と言うならともかく、まったくの真逆。呆れ果てました。

岡田さんは、日本もアメリカも中国と国交を回復したとき、台湾に関して、台湾が中国のものだなんて認めていないことも知らないのではないか。あくまでも、日本は中華人民共和国政府が「中国の唯一の合法政府」であり、中共政府が「台湾が中華人民共和国の領土の不可分の一部」であることを「重ねて表明」し、日本はその立場を「十分理解し、尊重する」としただけです。台湾が中華人民共和国の領土だと主張するという立場を「理解し、尊重する」が、それ以上ではありません。当時は台湾だって大陸は「我々のもの」と主張していたわけですから。あくまで「あなたがそう主張していることはわかっていますよ」ということです。

**河野**　東大名誉教授の平川祐弘氏は、自著『昭和の大戦とあの東京裁判』（河出書房新社）の中で、教え子の一人に岡田克也氏がいたとのことで、こんな思い出話を語っています。

彼が民主党議員だった時に安倍晋三氏（当時官房長官）に、東京裁判などに関して「一知半解」ともいうべき質問をしているのを、国会での答弁を引用しながら、こうたしなめています。

「岡田君は東大で私のクラスにいて目立った。家永教科書裁判のころの入学生で『朝日新聞』の社説のような見方を堂々と述べた。その大きな顔がそれで印象に残ったのである」

そんな朝日新聞のような「意見を述べている限り、世論にも支持され、社会で相当な地位まで出世できる。しかし、それが習い性となって模範答案を繰返し述べ出すと駄目になる、そのことが言いたい」とまで批判しています。

「センター試験程度の歴史知識の黒白史観で、A級戦犯と聞けば悪者が正解と決めつけている。それで土井たか子や岡田克也のような質問を発する」

**門田**　さすが、教え子の知的限界を見事に見抜いていますね（笑）。

# 第四章

# 日本の独立のために戦った軍人リーダーの本義

（東郷平八郎・樋口季一郎・根本博・今村均・栗栖弘臣）

## 「日本はドイツの属国ではない」と喝破した樋口季一郎

**門田**　これまでの章では、戦前戦中戦後の政治家のリーダーシップについて主に論じてきましたが、この章では同時期の軍人のリーダーシップを中心に論議したいと思います。というのも、安倍さんは大変歴史好きの総理で、戦争についても詳しかったですよね。私自身も戦争ノンフィクションが一番多いので、ここは河野さんと共通の話題が特に多いと思うんですよ。

**河野**　軍人というと、戦後の日本では、十把一絡げで悪者扱いされがちですが、立派な指揮官も沢山いました。例えば、いま『ＷｉＬＬ』でも、東雲くによし氏の連載漫画（評伝）で取りあげられている元陸軍中将の樋口季一郎さん。１９４３年キスカ撤退を見事なしとげ、１９４５年8月15日以降の千島列島の占守島に侵攻してきたソ連軍を食い止め、北海道を守りました。

**門田**　昨年（２０２２年）、出身地の淡路島で樋口季一郎さんの銅像が建てられましたが、樋口さんについて語るべき業績の一つは、１９３８年のオトポール事件に代表されるユダヤ人保護です。

満洲国がソ連との出入国を閉じていたので、ナチスドイツから逃れ、シベリア鉄道で東にやってきたユダヤ人たちがソ連内のオトポール駅から先に進めなかった。ハルピン特務機関長だった樋口さんが国境のマンチューリ（満洲里）を開けさせて、ユダヤ人難民を満洲国に入れ、満鉄に特別列車を仕立てさせた。そして、彼らは上海のアメリカ租界地まで行くことができました。これにドイツからクレームがつくと、「ヒットラーのお先棒を担《かつ》いで弱い者いじめをすることを正しいと思いますか」と言って譲らなかった。

**河野**　当時、上官だった東條英機関東軍参謀長に、樋口さんがそう言って抗弁したのですね。すると、東條さんは「どんどん（通して）やれ」と言ったらしい。

**門田**　東條は、この件で最後まで樋口さんをかばっています。

**河野**　いろいろ言われるけれど、東條さんにもそういう面もあったんです。

**門田**　樋口はユダヤ人がどういう歴史の中で生きてきたかを知っていました。また、日独防共協定（1936年）が既に締結された直後の1937年にハルビンで開催された「極東ユダヤ人大会」に出席して、特派員たちに「日本はユダヤ人を差別しない」「日本はドイツの属国でもなく、満洲国もまた日本の属国ではない」と言い放ち、これもまた問題になりました。リーダーの3要件からいくと、信念の人であり、正しいと考えたことを実施する強い意志を持ち、ユダヤ人を助けるという目標を明示し、それによって生じる一切の批判にも耐え、責任を取るという態度を示した点で、リーダーの条件を全て満たしていますね。

**河野**　オトポールのほうが1938年、杉原千畝さんの「命のビザ」(リトアニアのカウナス領事代理だった杉原千畝が、ユダヤ人難民に発行した日本通過ビザのこと)が1940年だから、樋口さんのほうが先ですね。

**門田**　そうですね。二人とも、本当の意味での人権派だったと思います。

**河野**　アメリカが催す真珠湾での慰霊式の執行者がハワイの太平洋軍司令官だったハリー・ハリスさんでしたので、安倍首相の真珠湾訪問(2016年12月)に私も随行しました。そのとき、安倍さんはオアフ島の北にあるカネオへ海兵隊基地を訪ね、飯田(房太)大尉の碑に頭を垂れられた。ご承知の通り、真珠湾攻撃の際に乗機が被弾した飯田大尉は帰還できないと判断し、格納庫の中に突っ込んでいった。その勇気を讃えて、アメリカ軍が碑を設置したものです。

**門田**　敵ながら天晴れということで、軍人魂を尊重してくれているのですね。

**河野**　実は、私の親父(河野克次)が真珠湾攻撃に参加しているんです。

**門田**　えっ?

**河野**　横山(正治)大尉、上田(定)二曹の特殊潜航艇を発進させた伊一六という潜水艦で、機関長をやっていました。先の真珠湾の式典の前に、日系人の方々を集めたディナーパーティがあり、挨拶に立たれた安倍さんが、私の父のことを紹介してくれました。「今日、河野統幕長が来ています。お父さんが真珠湾攻撃に参加した。いまや、その息子の彼はアメリカ軍と緊密に……」。

**門田**　素晴らしい。そういう琴線に触れることを言ってくれるのが安倍さんです。河野さんはもちろん、出席された方々も感激したでしょうね。

**河野**　太平洋軍司令部で行われた安倍首相とオバマ大統領の会談に、私も列席させていただいたときも、安倍さんはオバマ大統領にも私のことを紹介してくれたのですが、オバマさんは無反応（笑）。この方は、無色透明なんだなと思いました。

**門田**　ああ、なんだかわかるような気がします。無色透明か。たしかに……。それに加えて「心ここにあらず」というのもあるでしょうね。事前に「これこれこうです」と伝えていないと届かない、というか、脳に響かない人でしょう（笑）。

## 木村昌福提督の「引く決断」

**河野**　それから、1943年のキスカ島撤退。アッツ島の日本兵が玉砕した後、キスカ島にいた守備隊の上官が樋口季一郎で、撤収を見事に成功させました。

**門田**　兵員の収容作業を速やかに行うために、「小銃をすべて海洋投棄せよ」と命じた話は有名ですね。

**河野**　海軍が申し入れ、樋口さんがそれを了解したのですが、天皇からもらった銃を捨てさせるというのは、すごく大変なことです。

ここで、良き軍人として加えたいのが、キスカ救援艦隊を指揮した木村昌福《まさとみ》という海軍中将です。この人が小銃の投棄を申し入れ、キスカ撤収作戦を成功させました。

この作戦は「霧に紛れてキスカ島に接近する」というところが鍵でした。アメリカ軍に見つからないよう、濃い霧が出ていないと駄目なのです。そして、一回目は霧という条件に恵まれず、断念して帰投した。そのとき木村さんは、「ここで引き揚げたら、また来られる」と言った。その通りです。敵に見つかって、キスカ島の守備隊を収容する艦を沈められたら終わりなのです。上からせっつかれて、プレッシャーがかかっていたけれど、木村さんは引く決断をした。「引く決断」は指揮官しかできないという例です。

**門田**　これは参謀でなく、本人が決めたのですか。

**河野**　前章で、私が体験した給油中止ではありませんが、参謀は「止めましょう、引きましょう」なんて言えないですよ。たぶん木村さんの決断だったと思います。

木村昌福が艦長をしていた時代の面白いエピソードが産経新聞（2019年12月23日）に

載っていました。ある海戦で敵機9機が左右から襲来し、木村さんの艦に向けて魚雷を投下した。「右をかわせば左が、左をかわせば右が……」というディレンマに陥り、判断を任されていたベテランの航海長が迷って、木村さんの顔を見ると、木村艦長は「まっすぐ行け」と言った。こうして木村さんの艦は敵の魚雷をすり抜けたのですが、産経新聞の記事は、「木村提督も確信があっての命令ではなかったかもしれない。しかし、すべて責任を取る覚悟をもって、最後の言葉を下すのがリーダーだ。逆に責任転嫁する、決断できない人が今は多い。それはリーダーといえない」と書いています。状況が極まったときに、「組織がどう行くべきか」を決断できないのは、リーダーとして失格だと思います。

**門田**　キスカ島からの撤収成功はもちろんよかったのですが、樋口さんは亡くなるまでアッツ島守備隊の玉砕を胸に刻んでいました。お孫さんの証言によれば、毎朝、アッツ島玉砕の絵画か何かに頭を下げるのが日課になっていたそうです。

**河野**　「玉砕」という言葉を使ったのはアッツ島の戦闘が最初でしたが、画家の藤田嗣治《つぐはる》の絵の一つに「アッツ島玉砕」があります。鬼気《きき》迫るものがあり、私は見て圧倒されました。戦争画の中で、ずば抜けていると思います。樋口さんが頭を下げていた絵は、おそらくそれだと思いますよ。戦後、藤田は戦争画を批判されたこともあって、日本を離れパリに行き、変なメガネをかけ、ちょび髭を生やし、変な人だなあと思っていたのですが意外でした。

**門田**　東京国立近代美術館所蔵のあの絵はすごいですね。

## 「我に続け」と奮戦した池田末男連隊長

**門田**　ソ連軍が1945年8月18日に、占守島に侵攻してきたとき、第五方面軍司令官の樋口季一郎は「敵を撃滅すべし」と守備隊に命令しました。

**河野**　ポツダム宣言を受諾した8月15日以降にそういう命令を出すには相当な勇気が必要でした。

**門田**　私は占守島の戦いのありさまも『太平洋戦争　最後の証言』（角川文庫）の第二部「陸軍玉砕編」で詳しく書かせてもらいました。もう生き残りは少なかったですが、証言はやはり貴重でした。ソ連軍が占守島の竹田浜に上陸したのは、8月18日の未明。私が取材した戦車第十一連隊の神谷幾郎さんは就寝中に「敵、襲来！」「集合！」と叩き起こされたそうです。戦争は終わったはずなのに「敵？　敵って誰だ？」と思いながら、とにかくゲートルを巻く時間もなく、手で持って連隊本部前の広場に向かって走っていった。普通なら全員が集まってから出発するのに、池田末男連隊長は「我に続かんと欲するものは続け」

と言って、先に出発したそうです。神谷さんが連隊本部前に着いた時には、もう出発していて、キャタピラの音がまだ聞こえていた、と言っていました。もう戦争が終わったあとの「終戦後の戦い」です。だから、池田連隊長の「我に続かんと欲するものは続け」という言葉は重いわけです。戦争終結後に戦えば戦犯ですからね。戦うことは「自分の意思」で決めよ、ということです。壮絶な場面です。

前線に池田連隊長の乗る戦車がやってきた姿は、さまざまな兵たちが証言しています。池田連隊長の上半身は裸で、日の丸の鉢巻をして、手には日章旗があった。これを振りながら突撃の命令を下していたそうです。ソ連の猛攻を受け、四嶺山《しれいざん》という丘陵地帯で苦戦していた日本軍は、この池田連隊長の奮戦に息を吹き返すのです。

池田連隊長は戦死しますが、戦車隊はほぼ全滅するまでソ連軍と徹底的に戦い抜きました。独立歩兵第二八二大隊の村上則重少佐をはじめ、独立歩兵第二八三大隊の竹下三代治少佐ら、ソ連軍の進軍を止めた彼らのおかげで北海道は「守られた」のです。初っ端の占守島の戦いでソ連軍が大打撃を受けたため、北方四島は奪われましたが、狙っていた北海道占領ができなくなったのですから。この時、北の守りを一手に引き受けていた第五方面軍司令官にたまたま樋口中将が就いていたことは日本にとって、とてつもなく大きなことでした。

戦争が終わっていたとしても、敢然と「敵を撃滅せよ」の命令を発した樋口季一郎と、その命令に応じ、池田連隊長のように「死に場所、見つけたり」とばかり奮戦した現場の日本人たちに頭が下がります。

## 「一切の責任を負う」根本博駐蒙軍司令官の決断

**門田**　占守島の戦いで樋口さんが出した「敵を撃滅せよ」という命令は、駐蒙軍司令官として内蒙古を守っていた根本博中将も終戦後に発しています。ソ連が日ソ中立条約を破って怒濤《どとう》のように攻め入ってきたのは、樺太やカムチャッカ、そして満洲だけではありません。内蒙古にも進撃して来ました。

ここにいたのが根本博中将です。駐蒙軍の司令部は張家口（河北省北西部の都市）にありました。8月9日から始まった戦闘は、一進一退を続けます。しかし、張家口の北にある張北がついに破られて、ソ連軍が張家口に迫った。激戦が続く中、8月14日に東京から連絡が入ります。「日本時間の明日正午、重大放送があるから聞くように」というものです。

根本には、当然、それが戦争終結を知らせるもの、すなわち「武装放棄」の命令であることがわかります。ここで重要なことは、戦争が終わるということは、武装解除を意味し、これは、交戦していた敵に自分の武器を「引き渡すこと」であるということです。すでに一週間にわたって続いているソ連軍との激闘。これが、いきなり「終わる」のです。では、日本軍の武器をソ連軍に引き渡すのか。ここで各地の司令官には究極の選択が迫られます。つまり、「武器引き渡し」をするか、否かです。

根本はここでどの司令官もやらなかったことをやってのけます。重大放送を聴く張家口放送局に、あらかじめ「重大放送が終わったら、内蒙古全体に私が放送をするから、その準備をしておけ」と命じたのです。

当日、根本はすべての幕僚を連れて張家口放送局に行きました。そして、あの「終戦の詔勅」を聴くのです。幕僚たちは、こらえきれずに途中から嗚咽《おえつ》を漏らし始めます。多くの仲間、部下が命を落としていますからね。その無念や悔しさで涙をこらえきれなかったのです。そして、玉音放送が終わると、間髪《かんぱつ》を容《い》れず根本中将の放送が始まりました。その時の根本の言葉が残っています。

「日本は戦争に敗れ、降伏いたしました。皆さんは今後のことを心配していると思います。しかし、わが部下将兵たちは、みな、健在であります！」

最初に根本はそう話します。そしてこう続けた。

「わが軍は、私の命令がないかぎり、勝手に武器を捨てたり、任務を放棄したりする者は一人もおりません。心を安んじてください。彊民《きょうみん》および邦人は決して心配したり騒いだりする必要はありません」

「私は上司の命令と国際法規によって行動します。彊民、邦人、およびわが部下等の生命は、私が身命を賭して守り抜く覚悟です。皆さんには軍の指導を信頼し、その指示に従って行動されるよう、強く切望するものであります！」

戦争に敗れるとはどういうことか。外地にあって、日本が敗れた場合、日本軍の保護がなければ、在留邦人の命は、そのまま「危機」に晒されます。敵軍、あるいは暴民に襲われる可能性が出てくるからです。そのため、根本はまず在留邦人がパニックに陥ることを防ぐことを考えました。だから、玉音放送の終了後、すぐに「軍が健在であること」「引き続き在留邦人を守り抜くこと」を伝えたわけです。当時、日本軍の軍司令官は東南アジアに至るまで大勢いたけれど、こういう声明を8月15日に出したのは、根本中将だけです。

**河野**　そこが関東軍と違うところですよね。

**門田**　そのとおりです。関東軍司令官の山田乙三《おとぞう》大将は、すぐに東京からの「武装解除命令」を受け入れています。そのために満洲にいた多くの邦人が命を落としました。根本は、あらかじめ、ソ連軍の暴虐ぶりを知悉《ちしつ》していたので、「武装解除」ではなく「徹底抗戦」を選択するのです。

まずパニックを防いだ根本中将は放送の後、今度は司令部に取って返し、軍内の規律を引き締めます。厳しい声で全軍にこう命令を発するのです。

「全軍は、別命があるまで依然その任務を続行すべし。もし命令によらず勝手に任務を放棄したり、守備地を離れたり、あるいは武装解除の要求を承諾した者は、軍律によって厳重に処断する」

そばで聞いていた幕僚たちを震え上がらせるほどの迫力だったそうです。そして、

「理由の如何を問わず、陣地に侵入するソ連軍を断乎撃滅すべし。これに対する責任は、司令官たるこの根本が一切を負う」

そう断言しているのです。「なんとしても邦人の命を守り抜け」という凄まじい気迫を部下たちに示したわけです。

**河野**　〝一切の責任を負う〟。これを言えるかどうかです。

**門田**　終戦の詔勅を告げる玉音放送とは、さっき言ったように「戦闘を止めて、武装解除せよ」という意味ですよね。ここで難しいのは、上官、すなわち天皇陛下の命令を聞くことは、軍人としての「本義」です。しかし、同時に軍人には「国民の生命を守る」という「本義」もあります。このとき邦人の命を守り抜くという点で、軍人としての彼の本義はまったく揺らいでいないのです。天皇陛下の「武装解除命令」には従わなければなりませんが、それはあくまで「国民の命を守ったあと」のことです。その本義に対して根本中将は微塵《みじん》の揺らぎも見せなかったわけです。

根本はまず張家口に在住する邦人たちを無蓋《むがい》列車に乗せ、北京に向かわせます。張家口だけで邦人の数は2万人。内蒙古全体だと計4万人の邦人がいました。彼らを北京まで無事、移送して命を守ろうとしたのです。

結局、張北は落ちますが、駐蒙軍は張北と張家口の間に丸一陣地という防衛ラインの陣地を構築していました。その前方に幅八メートル、深さ六メートルの戦車壕を掘っていたのです。山と山が狭まっているその平地に、延々と戦車壕を掘りつづけたのが駐蒙軍なのです。

これでソ連軍の主力である戦車隊の進撃を阻止し、激戦が続きます。どうしても突破できないソ連軍は、8月17日、張家口の町にビラをまきました。

「日本はすでに無条件降伏をしている。関東軍もまた日本天皇の命令に服従して降伏した。だが、張家口方面の日本指揮官だけが天皇の命令に服従せず、戦闘を続けているのは、誠に不思議である。直ちに降伏せよ。降伏しないならば、指揮官は戦争犯罪人として死刑に処する」

檄文ですよね。ソ連軍の焦りの大きさがわかります。そして、まもなく丸一陣地にソ連軍の軍使がやってきて、このビラの内容とほぼ同じ口上を言いました。

さあ、どうするか。戦争が終わって3日も経つのに、ここ内蒙古では、8月9日に始まった戦闘がいまだ続いているのです。

ここで幕僚たちの意見は真っ二つに分かれました。このまま戦闘を継続して、一体、いつまでやればいいのか、ということです。「終わりがない」ですよね。天皇陛下が戦闘停止を命令し、武装解除を命じているのに、いつまで戦闘を続けるのか。「このままでは終わりがない」という意見が幕僚から出たのは、当然だったと思います。

一方では、「いや、邦人の命をひとり残らず救うまでは戦闘を止めるべきではない」との意見も強かった。幕僚会議は、互いが譲らず、決着しませんでした。

幕僚たちは、ついに司令官である根本中将の指示を仰ぐことになりました。司令官にすべてのことを伝え、幕僚会議では意見が真っ二つに割れ、結論が出ないことを正直に伝えて判断を仰いだのです。根本さんは普段は大酒飲みのニコニコした大人《たいじん》です。しかし、毅然としているという意味では、これほど毅然とした人物はいませんでした。

根本は幕僚室に入ってきて、こう言ったのです。


「諸君。私を戦犯にすると言うがごときは、児戯《じぎ》に類することである。ソ連は、私を戦犯にするとのことだが、私が戦死したら、もはや戦犯にしようとしても不可能ではないか。もし、諸君の中に戦闘継続に対して躊躇する者があらば、私自身が、丸一陣地に赴き、ソ連軍軍使を追い返そう。もし不可能ならば、私自身が戦車に体当たりして死ぬだけのことだ。私は、今から丸一陣地に行く！」

**河野**　最後には自らの死をもって責任を取るという決意で、そう言ったわけですね。

**門田**　おっしゃるとおりです。幕僚たちは、大柄な根本中将にすがりつき、「司令官！」「お待ちください！」「私が行きます！」と必死で止めました。こうして戦闘継続が決まるのです。

連日、邦人たちの北京への移送は続いていました。最初は張家口駅に集合をかけられた邦人が何も持たずに行ったら、いきなり無蓋列車に放り込まれたそうです。そして有無をいわせず移送が始まったそうです。だから、「写真もなにも、思い出の品もなにもない。それどころか、お昼ごはんの食器を流し台に置いたまま出てきてしまった」との怒りの声も聞かれたそうです。それが第一陣でした。それほど切迫していたのです。

**河野**　やること、なすこと徹底していますね。

## 「日本国民の命を守る」という本義

**門田**　この根本中将の戦闘継続に焦ったのが、その上官である支那派遣軍総司令官の岡村寧次《やすじ》大将です。戦争終結と武装解除が天皇によって命じられているのに、自分の麾下《きか》の駐蒙軍が戦闘を続けているのですからね。南京の総司令部の岡村大将と駐蒙軍の根本中将との厳しい電報のやりとりは、そのまま防衛省の防衛研究所に残されています。

「蒙彊方面に於けるソ軍の不法行為に対し、貴軍の苦衷察するに余りあり。然《しか》れども勅令を体し、大命を奉じ、真に耐え難きを耐え、忍び難きを忍ぶの秋《とき》なるを以て、本職は大命に基き、血涙《けつるい》を呑んで、総作第十二号の如く、有ゆる手段を講じ、速やかに我より戦闘を停止し、局地停戦交渉、および武器引渡等を、実施すべきを厳命す」

**河野**　それは岡村寧次が出したものですね。

**門田**　そうです。「耐え難きを耐え、忍び難きを忍び、速やかに我より戦闘を停止し、武器引渡等を実施せよ」と厳命してきたわけです。強烈な命令電報です。

上官からの厳命に対して、根本はこう返電しています。

「いま張家口には二万の日本人あり。外蒙ソ軍は延安（中共軍）と気脈を通じ、重慶軍（国民党軍）に先立って張家口に集結し、其の地歩を確立せんが為、相当の恐怖政策を実施せんとしあるが如し。日本人の生命財産を保護すべきも、若《も》し延安軍又は外蒙ソ軍等に渡すならば、其の約束は守る能はずと申しあり」

これまた強烈な電報です。命令どおり武装解除すれば、「日本人の生命財産を守ることはできません！」と言っている。命令拒否です。この原文の電報を見たら、手が震えますよ。邦人の命をめぐってのやりとりですからね。こういう電報が両者の間で、何度も飛び交いました。

**河野**　占守島は8月23日で戦闘が終わりましたが、根本さんはいつまで戦い続けたのですか。

**門田**　丸一陣地の戦闘は8月20日の夜が最後です。戦車隊が戦車壕を突破できないので、ソ連軍はついに8月20日の夜、夜襲を仕掛けてきたのです。夜陰に乗じての白兵戦でしたが、これが本当に激しいものでした。その戦いの生き残りが山形にいて、貴重な話を伺うことができました。戦後は山形で剣道の先生もした渡邉義三郎さんという人です。この方の証言も生々しかった。いきなり、大男がにゅっと目の前に現われ、乱戦になったそうです。暗闇の中の白兵戦です。

「なぜ、鉄砲を撃たないんですか」と聞いたら、「もう接近戦で〝乱戦〟になったら、味方に当たるから、撃ち合いはできない」と。斬り合い、突き合いだそうです。ソ連兵の銃剣は日本軍のそれより十センチぐらい長くて、突き合いでは苦労したそうです。渡邉さんは日本刀を抜いて、斬って斬って、というか、突いて突いて突きまくったと言っていました。

明け方まで一進一退で双方に戦死者がだいぶ出たようです。まるで戦国時代の戦《いくさ》ですよね。そうやって、駐蒙軍はソ連軍を押し戻しました。

この夜襲を凌いだあと、在留邦人を乗せた最後の列車が張家口駅を出て、4万人を運び終わります。そして撤退命令が出ました。

この時、すでに根本さんは、張家口の郊外にある滑走路から北京に飛んでいます。阿南惟幾《これちか》陸相が終戦で「一死、大罪を謝す」と腹を斬り、代わって北支那方面軍司令官の下村定《さだむ》大将が陸軍大臣に任命されてしまったのです。北支那方面軍司令官には、駐蒙軍の根本司令官が兼務を命じられ、急遽、引き継ぎのために北京に飛んだのです。これは、ソ連軍と戦い続ける根本中将を内蒙古から引き離す意味もあったかもしれません。

北京に移った根本は残してきた部下が気になって仕方がない。しかし、撤退を命じられた駐蒙軍との連絡がやがて途絶する。北京に戻ってくる駐蒙軍と追手との間で激戦が展開され、やがて無線も壊れ、通信手段がなくなってしまったのです。

根本司令官は、駐蒙軍の参謀長で北京に同行していた松永留雄少将に駐蒙軍がどうなっているか調査を命じます。すでに次々北京に到着した列車によって「邦人たちが救われた」ことはわかっています。部下たちは使命を果たしたのです。

しかし、あとはその部下たちです。彼らは無事、戻れるのか。ソ連軍との激しい戦闘がつづいた末の撤退戦で、相当な損耗を受けていることは間違いない。松永は、取りあえず内蒙古から北京への玄関である八達嶺《はったつれい》、あの有名な万里の長城のあるところですが、そこへ駆けつけたそうです。

しばらくすると、遠くに馬に乗った将校の姿が見えた。松永はとるものもとりあえず駆け寄ると、その将校は、まちがいなく駐蒙軍の将校だったそうです。

松永は「おい！　おい！」「部下たちはどうなった！」とその将校に向かって叫びましたが、返事がかえってこない。なんと、馬に乗ったまま、その将校は意識不明の状態だったんです。「ああ、これは……全滅だ」と松永は思いました。

将校がこのありさまでは兵たちが生きているはずはないからです。松永は絶望感に駆られます。しかし、やがて遥か地平線の彼方に豆粒のような人影が見えてきたそうです。なんだあれは？　と目を凝らしていたら、その人影がだんだん増えていく。それは、戦闘を繰り返しながら、八達嶺までたどり着いた駐蒙軍の兵たちでした。

（生きていた……）

松永は、言葉がありません。

兵たちは掛け声を掛けて、ざ、ざ、ざ、ざっと松永の前を通り過ぎていったそうです。

この時のことも前述の渡邊義三郎さんは明確に記憶していました。ぼろぼろになっていた駐蒙軍の兵たちの目に八達嶺が見えてきた。そのとき、彼らは、戸板に乗せたり、肩で担いだりしてきた仲間を一旦、下ろし、全員で服装を整えたそうです。

日本軍は恥を嫌います。ぼろぼろのまま、入城することなど許せないのです。渡邊さんによれば、歩けない者には肩を貸し、できるだけ戸板に乗せたままではなく、仲間で支え合い、一斉にかけ声をかけて入城していったそうです。

目の前を通りすぎていく部下の〝勇姿〟に松永は涙が止まりませんでした。松永はそのときの模様を厚生省援護局の求めに応じて「松永留雄少将回想録」にまとめています。そこには、こう書かれています。

「先行し来れる乗馬将校に、路上にて遭遇し、之に後衛《こうえい》の状況を尋ねたるが、返答無く要領を得ず、長期の退陣に引続く退却の為、該将校は心身共に、朦朧《もうろう》状態にありたるなり」

「暫《しばら》くの後、後衛整斉たる縦隊を以て帰着す。士気旺盛なるも、長き頭髪と髯《ひげ》とは、無言に長苦の労苦を示す。小官感極まり、ただ落涙あるのみにして、慰藉《いしゃ》の辞を述ぶる能わず」

邦人の命を守り抜いた駐蒙軍の兵たちがたどり着いたシーンで、この回想録は終わっています。

根本博中将を描いた拙著『この命、義に捧ぐ』は、「台湾を救った陸軍中将根本博の奇跡」とサブタイトルを付けましたが、台湾のみならず、駐蒙軍司令官として「日本国民の命を守ること以上に重要なことはない」という本義が揺るがず、それを部下にも徹底させ、完遂したことは見事だったと思います。

## 指揮官は、時には「独断専行」も許される

**門田**　一方、関東軍総司令官の山田乙三大将は前述のように命令に従って武装解除をしました。その後、満洲で起こった悲劇は、ご承知のとおりです。

**河野**　確か樺太も抵抗していないでしょう。

**門田**　樺太は、日本軍の軍使が何人も殺されています。軍使を受け入れたら、降伏の意思を無視したということになるから、ソ連軍は殺すんです。あまりにも野蛮です。

**河野**　8月20日に樺太の真岡《まおか》郵便電信局で9人の女性交換手が自決して亡くなりましたが、8・15以降もソ連軍は真岡を砲撃している。向こうにいいようにやられてしまった。降伏しても、しなくても酷い目にあった。

**門田**　そうです。だから、それぞれの日本軍司令官の決断の違いによって邦人の命が救わ

れた例もあれば、無慈悲に殺された例もある。これらを忘れてはなりません。

**河野**　おそらくですが……。軍の中央としたら、ポツダム宣言を受諾すると天皇陛下から御聖断が下っているから、「戦え」と言えない。となれば、置かれた状況に応じて、門田さんが言われるように、「本義は何か」ということを、各々の戦地の司令官（指揮官）が個々に判断するしかなかったでしょうね。

**門田**　そうなんです。日本軍というのは、ある意味で驕《おご》りの集団ですよね。たとえば、戦争に負けたときにどうするかを、陸士（陸軍士官学校）でも陸大（陸軍大学校）でも一切教えていない。これは恐ろしいことです。

**河野**　まったく想定外の事態だったのでしょう。

**門田**　だから、「マニュアルなき事態」なんです。「危機管理」の根幹が問われます。そのとき、根本中将は、自分が責任を負うことを決断し、戦うことを選択した。その結果、多くの邦人の命が救われました。また、樋口中将は占守島の戦いを決断し、結果として北海道などの日本の領土をソ連から奪取されることを防いだわけです。

**河野**　樋口さんの抵抗がなければ、全千島、北方領土以外に北海道の一部も火事場泥棒で取られていた可能性もあります。樋口・根本両氏の考え方は極めてシンプルですね。軍隊は何のためにあるかという話で、日本国民を守るためにあったのですから。

**門田**　繰り返すように、上官の命令を聞くのも軍人の「本義」なら、国民を守るのも重大な「本義」なのです。重要なのは、二つは相反していないことです。形として相反していることがあっても、それは形式上のことであって、外地で最前線にいる場合、陛下が「日本人が死んでもいいから武装解除をしろ」とおっしゃるはずがない。樋口と根本は、それがわかっているから敢然とソ連軍と戦ったのです。

**河野**　「独断専行」という言葉があります。悪い場合に使われることが多いのですが、いちいち上にお伺いを立てている時間がないとき、独断専行は軍事行動において例外的に必要なこともあるのです。

**門田**　それはそうですよね。

**河野**　私が教えられて記憶に残っているのは、「自分がやることは上司の意図に合致している」という確信と、行なったら事後報告をすることです。この二つがしっかりしていれば、独断専行は断乎やるべきなのです。おそらく天皇陛下は、「日本国民を見捨てろ」とは絶対に言わないはずです。この二人の軍人には、その確信があったということだと思います。

**門田**　それと、武装解除したらソ連が居留民をどう扱うか、樋口さんも根本さんもわかっていた。これが決定的です。

**河野**　樋口さんは、対ソ諜報を担っていたハルビン特務機関長だったから、当然ソ連の軍のふるまいについては、よく知っていたと思います。

**門田**　根本さんも、彼が参謀本部支那班長のときに、橋本欣五郎が班長のロシア班と隣同士でした。陸士23期の同期で親しいし、両班は情報を共有していた。だから、ソ連の暴虐ぶりがわかっていたのです。

**河野**　根本さんは色分けしたら、統制派（クーデターではなく合法的手段によって軍を主導力とした国家総動員体制を構築しようとした勢力）ではなく、皇道派（天皇親政の下での国家改造・昭和維新を目指し、対外的にはソビエト連邦との対決を志向した勢力）でしょう？

**門田**　決して戦闘的ではありませんが、人脈は皇道派に近いですね。

**河野**　心情的には二・二六事件（1936年2月26日から2月29日にかけて発生した皇道派の影響を受けた青年将校らによる日本のクーデター未遂事件）を首謀した軍人たちの気持ちもわかる部類の人ですよね。

**門田**　そうですが、議論で口角泡を飛ばすのと違って、酒飲みでユーモアがある人ですから、そういう連中のところへ積極的に入っていくほうではありませんでした。

**河野**　皇道派のほうがソ連については強硬で、だからソ連のことを厳しく見ていたのでしょうね。

**門田**　ソ連軍の野蛮な実態を知っていたわけです。この点に関しては、日本軍の対ソ研究は進んでいましたからね。

## 「林保源」となった「根本博」の活躍

**門田**　先の松永少将の回想録に「傅軍《ふぐん》の到着を待つも……」というくだりがあるのですが、国民党軍の傅作義《ふさくぎ》に対しては根本さんは武装解除するつもりでした。傅作義の人柄、軍人としての性格、兵たちのふるまい等をすでに熟知していて、大丈夫だと根本は考えていました。しかし、その真逆にある暴虐なソ連軍に武装解除することは、彼の選択肢になかったのです。邦人、特に婦女子がどんな目に遭《あ》うか、わかっていたからです。

しかし、傅作義軍が来ずにソ連軍が来たから抵抗するしかなかった。結局、駐蒙軍は、北京を国民党が支配したのちに武装解除します。ただちに根本は北京で国民党軍との交渉に入り、蔣介石が「以徳報怨」（憎い人に対して仕返しではなく、あえて恩恵を施すこと）で日本軍と邦人を守ってくれた。そこで「恩義」が生じて、根本は、後年（１９４９年）台湾に行くことになるわけです。

国共内戦は、日本で言えば関ヶ原の合戦に相当する「淮海《わいかい》戦役」（１９４８年11月から１月まで2カ月にわたり、山東省南部、江蘇省北部、安徽省北部で、90万の国民党軍と60万の共産党軍が戦い、国民党軍は50万の死傷者を出して敗走した）で事実上、決着します。そのあとは、もう〝駆逐戦《くちく》〟ですよね。ハエを叩いて追い払うようなものです。兵たちの士気が阻喪《そそう》したら、もう命のやりとりはできません。だから、このあと、上海も無血開城。国民党軍は雪崩《なだれ》を打って敗走を重ね、台湾と福建省の一部を支配するだけになったのです。

根本は自分たちが受けた恩義を返そうと必死になります。「自分が行って戦況を変えることはできないが、恩義を返すために〝一緒に死ぬ〟ことはできる」と考え、台湾に渡ろうとします。まだ占領下の日本で、GHQの監視下にあるから、なかなか実現しなかったのですが、昭和24年（1949年）5月に大分の土々呂《ととろ》というところから漁船に乗り、奇跡的に基隆《キールン》にたどり着きます。本当にたどり着いたのが奇跡ですよ。何度も座礁し、食糧も尽き、飢え死にぎりぎりでしたからね。しかし、ここからも大変でした。

台湾の人から見たら、ヒゲぼうぼうの単なる初老の男が〝密航〟してきたに過ぎませんからね。通訳として命がけで根本さんに同行した吉村是二《これじ》さんと2人が一緒に牢獄に放り込まれたのです。

「根本博が助けに来たと伝えてほしい。蔣介石閣下に伝えてもらえないか」

必死で二人は訴えますが、獄吏《ごくり》は取り合ってもくれない。蔣介石に取り次ぐといったら、大変なことですから、当然、無視です。しかし、連日、訴えていたら、次第に2人の存在が噂になっていったそうです。

「台湾を助けに来たというヘンな日本人がいる。蔣介石に会わせろ、と要求しているらしい」

そんな噂が次第に台北まで伝わってきた。

そしてついに警備司令部の副司令だった鈕先銘《にゅうせんめい》の耳に入ったのです。

「なに？　台湾を助けに来た？　蔣閣下に会わせろと？」

鈕先銘は耳に飛び込んできたその噂を聞き逃しませんでした。

「その人物は、何と名乗っているんだ？」

そう聞いた鈕先銘に、部下はこう言ったそうです。

「根本博です」

えっ、本当か？

鈕先銘は飛び上がりました。根本博は鈕先銘にとって、忘れることのできない存在だったからです。鈕先銘自身が日本の陸士に入った経験がある国民党でも有数の日本通でした。

そして、北支那方面軍司令官となった根本と鈕先銘は、直接、邦人の帰国や支那派遣軍の復員について、交渉した相手だったからです。

鈕先銘は根本の人柄と信念、そして情の深さを知っている。

「根本先生が助けに来てくれた……」

反射的に鈕先銘はそう思ったのです。夜中、鈕先銘は基隆に車を飛ばします。

吉村是二さんの息子さんから聞いた話では、根本さんと吉村さんは、その日突然、夜中に牢屋から出されたそうです。そして、風呂に入れられ、髭も剃《そ》らされた。出てきたら、けっこうな部屋に通され、ご馳走を供されたのです。

二人は突然の対応の変化に驚きます。「俺たちは死刑になるのか?」『まさか、密航で死刑か」と二人は話し合ったそうです。そんな時間が過ぎたあと、ドアがバーンと開き、鈕先銘が部屋に転がり込んで来た。鈕先銘は真っすぐ根本さんのもとに走り寄って手を握り、

「根本先生……根本先生……」

と涙を流しながら、それぱかり繰り返したそうです。吉村是二さんが、そのときのようすを息子の勝正さんに詳細に話していました。

この鈕先銘によって、根本さんは蔣介石と会うことができました。そして「林保源」という名前をもらって、金門島、そして厦門《アモイ》に赴くのです。

**河野**　中国名をもらったのですね。

**門田**　そうです。アモイは金門島のすぐ隣にあります。今は、金門島からフェリーで15分

ほどです。アモイも島ですが、ほとんど大陸にくっついているようなものです。鄭成功《ていせいこう》（1624～1662年。明朝の遺臣で、明復興に尽力した）の時代から東アジアの貿易拠点として栄えてきました。しかし、位置的に三方から攻められたら防ぎようがなく、根本さんは「ここにこだわったら台湾が陥《お》ちる」と、湯恩伯司令官の説得を試みます。もちろん湯恩伯もそう思っていますが「うん」とは言えませんでした。なぜなら、領袖の蒋介石が「アモイを死守せよ」と湯恩伯に命令していたからです。

そこからの根本さんがすごい。ならば、アモイを「事実上」捨てましょう、と進言した。どういうことかというと、アモイには、戦意が低く、逃げ足の速い劉汝明《りゅうじょめい》軍を配置し、形は「捨ててはいない」が、事実上、アモイを捨て、残りはすべて「金門島に集結させる」という作戦を立てたのです。共産軍主力を金門島におびき寄せ、ここで一気に殲滅するというものです。

敵のジャンク船の数を調べると、1回に兵を1万5000人から2万人しか送れないことがわかっていました。根本さんは、夜陰に乗じてやって来た兵をまず上陸させ、帰ろうとするジャンク船を「焼き払う」作戦を立てました。敵は向こう岸に何十万人も集結していますから、ジャンク船が戻ったら、次、また次、と兵を送り込んでくる。あっという間に何十万の敵兵で金門島は埋まってしまいます。そうなったら負けです。だから、想定していた敵の上陸地点に穴を掘ったり、あるいは洞窟などに大量の石油やガソリンなどを隠したのです。

ジャンク船を焼き払うことさえできれば、国民党軍の勝ちだと根本さんは読んでいました。戦力を金門島に集結させていますから、しかも、すでに、のちに「金門之熊」といわれる戦車（アメリカ製のM5軽戦車）も大量に上げていました。軽武装のまま上陸してくる共産軍はひとたまりもありません。

戦闘は根本の計算どおりになりました。作戦は成功し、国民軍は快勝するのです。

久しぶりの勝利で国民党側は興奮します。目が血走り、最後、金門島の西北端にある「古寧頭村《こねいとう》」に共産軍は追い詰められました。もう全滅寸前。共産軍が村民を人質に立て籠もったので、一挙に殲滅すべく国民軍が総攻撃に入ろうとしました。

そのとき根本さんが湯恩伯にまた進言します。

「村民とともに敵を殲滅してはなりません」

そう根本さんは言いました。

「村民もろとも殺してしまったら、この戦争の大義が失われます」と。ここでも根本さんの「本義」が出てきました。一般の民衆を殺すことに大義があるはずがない。救わなければならないのは民衆である、と。根本さんはそう考えていました。

「古寧頭村のうしろ、すなわち海の側をあけておき、彼らが浜のほうに退却できる道を開けさせてから、攻撃に入ってください」と進言したのです。共産軍は村の退却口から浜のほうに逃げました。この浜で共産軍は壊滅し、生き残った者は捕虜になりました。国民党軍は連戦連敗にピリオドを打ち、戦線は膠着状態となったわけです。

**河野**　台湾を守りきったということですね。

**門田**　そうです。その9年後の1958年、共産軍は8月23日から10月5日にかけて金門島に向かって砲撃をおこないました。大陸と金門島の距離は数キロ、一番近い小さな島からはわずか2キロしか離れていませんからね。撃ち込まれた砲弾の数は全部で47万発。これが「金門砲戦」といわれるものです。

金門島の特産品の包丁は、そのときの「砲弾」を材料にしているんですよ。47万発もあるんですから、いまでも材料が尽きない。私はある包丁を造る工場で、そこの社長が目の前で包丁を造ってくれてプレゼントしてもらいました。今も事務所に飾ってあります（笑）。

## 樋口季一郎も根本博も、戦後教育では黙殺されている

**河野**　当時の共産党軍はほとんど海軍を持っていないから、軍隊を送り込めないのですね。

**門田**　そうなんですよ。海軍を保有していないうえに根本さんたちが戦った古寧頭戦役のあと、朝鮮戦争が勃発しましたよね。アメリカの太平洋艦隊が東シナ海、南シナ海にやってきて睨《にら》みを利《き》かせたので、共産軍は、なおさら台湾を攻略することができなくなってしまったんです。それで台湾との〝国境線〟が確定してしまったわけです。
　金門島は、中国大陸の湾の中にありますからね。大陸とは数キロで、台湾とは二百キロもあるんですから、「ここが台湾領?」と誰もが驚きますよね。その意味でも、根本さんの功績は大きかったと思います。しかし、その後、根本さんのことは歴史から消され、知る人はいなくなってしまいました。
**河野**　根本さんが表に出なかったのでしょう。
**門田**　それもありますね。根本さんは絶対に表には出ませんでしたからね。しかし、大きかったのは、国民党が根本さんの業績を隠したことです。理由を考えれば、すぐわかります。蔣介石が台湾を統治する根拠は、突きつめれば「台湾の共産化を防いだ」ということに尽きますよね。二・二八事件をはじめ、多くの台湾人を虐殺してきた蔣介石が、それでも台湾を統治する根拠は、要するに「共産化を防ぐことに成功した」ということに集約されるわけです。しかし、もしそのことに「日本の軍人の手を借りていた」ということがわかったら、どうでしょうか。これはどう考えても都合が悪い。そして根本さん自身も極秘でやったことだから、絶対に口外はしない。だから隠蔽したのです。

２００９年になって、私が台湾の国防部を取材したとき、「根本中将、つまり林保源なる人物は金門島の戦いに存在していない」と、大変失礼な言い方をしていました。それで当時、外省人が台湾で一番読む新聞で最も部数が大きかった「中国時報」に頼んで、古寧頭戦役で林保源と一緒に戦った人に名乗り出てほしいという趣旨の記事を書いてもらいました。取材中の私自身のことを記事にしてもらったのです。そうしたら、証言が殺到しました。

「林保源は度の強いメガネをかけていた」「最初は背広姿だった。途中から軍服に変わった」「水餃子が好きで、酒をこよなく愛する人だった」と、詳細な証言が次々集まったのです。そして、私は、さらに古寧頭戦役60周年の記念式典に乗り込みました。そこへ行けば、古寧頭戦役で戦った老兵たちが多数、集まりますからね。

私は、フジテレビのドキュメンタリー『ザ・ノンフィクション』のスタッフにも声をかけ、訪台しました。根本中将について、なお国防部が虚偽を言い張るなら、日本のキー局であるフジテレビのカメラの前で言ってみよ、とプレッシャーをかけるためです。

なかなか金門島での式典への出席許可が下りなかったのですが、ぎりぎりで下りて、私たちは金門島に向かいました。すると飛行機から降りると係員が待ちかまえていて、「こちらへ来てください」と案内されました。何ごとかとまったく意味がわかりません。行った先は、空港の広い貴賓室です。なかに入ると、大勢の記者たちがいる。こっちは仰天です。

　すると国防部の常務次長（上将）が待ちかえていました。私たちを呼びよせ、カメラのフラッシュを浴びせられる中、

「根本将軍はわが国が危急存亡のときに命を懸けて助けてくれたのであります」「わが国には〝雪中送炭〟（雪の中、炭を送る＝困ったものを助ける）という言葉があります。まさに根本将軍は私たちにそれをしてくれたのであります」と、宣言したのです。もう、びっくりして声も出ませんでした。「〝逆〟てのひら返し」ですよね。さすが外省人と驚かされました。歴史が変わった瞬間でした。

　樋口季一郎にしても、根本博にしても、こういう軍人による偉業について、戦後は、日本の学校教育の場でまったく教えられていませんね。

**河野**　自衛隊の幹部学校でも教えていないと思います。最近は、樋口季一郎さんが有名になったから、今後そういう話も出てくることを期待したいです。真岡の9名の交換手の悲劇を扱った『樺太1945年夏　氷雪の門』という映画は昭和49年の公開時にソ連のクレームで上映中止になったのですから、何とも情けない日本でした。

**門田**　「陸」の場合、過去のこういう人物を振り返る機会が少ないですね。私は目黒の幹部学校で講話をする機会がありますが、「海」のほうばかりですね。こちらには毎年呼ばれて、いろいろな話をさせてもらっています。「空」もやりましたが、「陸」はまだです。

**河野**　それは戦後の自衛隊の生い立ちと関係するのではないでしょうか。というのも、海上自衛隊は帝国海軍の末裔だと公言してきました。ところが、陸上自衛隊は違うんです。戦後、日本を誤らせたのは陸軍だということで、「陸軍悪者説」が横行したでしょう。陸軍だって樋口や根本の例を見て分かるようにそれなりに立派だった。でも、陸上自衛隊は帝国陸軍との関係をあえて切ったところがあります。そして、新生陸上自衛隊みたいな感じにしている。だから、あまり戦前、戦時中および敗戦直後の陸軍の「歴史」（戦史）に関しては、光を当てないようにしていたのかもしれません。いまは違うと思います。

## 先を見通すことのできた今村均大将の占領行政

**門田**　陸軍でいえば、もう一人の名将・今村均大将を取り上げる必要がありますね。

**河野**　そうですね。

**門田**　今村均は、根本や樋口より上の陸士19期で、最後の階級は大将。蘭領インドシナ（現在のインドネシア）で何倍もの兵力のオランダを簡単に撃破して占領しました。今村のすごいところは、徹底した「人道主義」です。今村はオランダ軍に「帯刀」も許しますが、部下に「敵の誇りを奪ってはならない」と厳命しています。

それから、スカルノ（インドネシア独立運動家で、初代大統領）など、オランダが政治犯にしていた連中を牢屋から出し、自由を与えました。それも、「日本の味方にはならなくてもいい」という考えに基づいての「全員釈放」ですからね。さらに、現地に学校を建て始めたし、希望者には軍事教練のようなのもやらせると言った。独立運動その他で、自分たちに牙をむくかもしれないのだから、普通は占領しているところで現地住民への軍事教練などしません。いかに今村が特異な司令官であったかがわかります。

西洋人たちは植民地にすると現地人を奴隷のように扱います。しかし、日本は違った。長年インドシナを支配していたオランダ軍を、あっという間に撃滅した日本軍に「怖い」というイメージをもった現地人たちは、みんなびっくりしました。今村さんには「あなたたちインドネシアの人々もいずれは自立を」という強い考えがあって、それを占領下で実施しました。天晴れだったと思います。河野さんは今村をどう捉えていますか。

**河野**　やっぱり陸軍の将官の中で人格的にもすばらしい方です。

**門田**　「敵になるかもしれないじゃないか」「なんでこんなことまでするんだ」と、大本営のほうは今村のやり方に反発した。結局、今村は一年足らずで格下のラバウルの司令官に異動させられます。しかし、矢継ぎ早におこなったインドネシアでの施策は、インドネシアがのちに独立する基礎を完全に形づくりました。インドネシア建国の功労者です。

そして、ラバウルの司令官になってからもすごかった。ラバウルはいうまでもなく重要な軍事拠点です。そこで今村は敵の空襲に備えて巨大な地下陣地を構築していったんです。同時に、持久戦に備え、「それぞれが自分が食う分は、畑をつくって収穫せよ」と命令して一人何坪と決め、全員に耕作する土地を与えました。こんな発想、軍人には出てきませんよね。それも、「一人何羽以上ニワトリを飼え」だとか、具体的ですからね。

完全な籠城体制を敷いたようすは、やがて米軍の知るところとなります。今村の存在がアメリカにとって、とてつもなく大きな存在となっていくんです。実際、この実態を見て、米軍は、ラバウルを空襲するだけで、上陸作戦を選択しなかった。結果的に「部下の命を救っている」んですよ。人数でいえば、10万人近い「命」を救っているのではないですか。すごい人だと思います。

**河野**　戦犯になったときに、部下と一緒にいたいということで、東京ではなく、パプアニューギニア（マヌス島）の戦犯収容所に行ったでしょう。

**門田**　最初は巣鴨プリズンに収容されました。しかし、劣悪な状態の中に部下たちがいることを聞いた今村は、自分も「そちらへ移せ」と要求したんです。

**河野**　1954年に刑期満了で出所したあとは、自分の家の庭に小屋を建て、そこで暮らしたと言われますが、それはどういうことですか。

**門田**　写真もありますが、三畳間の謹慎部屋で、死んでいった部下たちの冥福を祈り続けました。部下だった一人がそれを移築して、いま、山梨県韮崎《にらさき》市に保存されていると思います。

**河野**　インドネシアの人たちと一緒に独立戦争を戦った日本の旧軍人の墓地が、インドネシアにあります。私も海幕長の時にお参りしました。彼らと今村大将はどういう関係なんですか。それは今村大将の直接の指示ではないですよね。

**門田**　全然違います。今村は途中で前述のようにパプアニューギニアのラバウルに移っていますから。ただ、インドネシア独立を果たす人材、そしてこれを支持するという基盤は、すべて今村さんが築いたわけです。残った日本軍人の一部が自主的にやりましたが、両方が大きな偉業を成し遂げたと思います。

だから、現地での日本軍に対する感謝はすごいですよ。スカルノが来日したとき、真っ先に「今村大将はどこにいますか」と尋ねましたからね。実際に今村さんとの面会を求め、二人は感激の対面を果たしています。

しかし、必ずしもそういう優れた人ばかりではなくて、辻政信のようなとんでもない軍人もいました。山下奉文《ともゆき》大将が「この男、やはり我意《がい》強く、小才に長じ、いわゆるこすき男にして、国家の大を成すにならざる小人なり。使用上注意すべき男なり」と書いています。

**河野**　やっぱりそうなのですね。

**門田**　マレー作戦のときも彼に邪魔されているし、先に触れたシンガポールの華僑粛清事件でも、「こいつのやることはなんだ」と、山下は怒っています。山下大将は私と同じ土佐の人間ですが、「おまえはこすき（こすい）男」という「こすい」は、土佐人にとって最大の侮蔑の言葉です。「こすい」とは「ずるい」という意味ですから、男にとっては許しがたい言葉です。

**河野**　辻政信を「いわゆるこすき男にして」というのは、相当なものですね。

## 幻の佐世保回航作戦

**門田**　ところで、戦争末期、連合艦隊の作戦参謀だった三上作夫中佐のことも話したいと思います。三上さんは戦後、自衛隊に入っています。１９６５年に三上さんが自衛隊の艦隊司令官を退官したときと、河野さんが海上自衛隊に入られたときで年次がずれています。

だから、河野さんは、直接は三上さんをご存じないですよね。

**河野**　私の父が練習艦隊のときの教官です。父から三上さんのことはいろいろと聞いていました。

**門田**　そうでしたか。昭和60年（1985年）に「週刊新潮」で戦艦大和の特集を組んだことがあります。このとき、三上作夫さんがご存命で、一番重要人物だからと、私は取材を担当させてもらいました。ただ、取材拒否の姿勢が頑《かたく》なで苦戦しました。お宅を訪ねても出てこないし、手紙を出しても音沙汰なし。何回電話をしても本人は出てこないのです。それでも、何回目かの電話に本人がやっと出てきた。しかし、「いっさい取材には答えてきていないから、勘弁してください。あなたたちが取材した内容で書いてください」ということをおっしゃいました。取材拒否の姿勢には、きびしいものがありました。しかし、私も、何度も連絡を試みた結果が、電話で断られてそれで終わり、というわけにはいきません。

「わかりました。では、取材は結構です。しかし、三上さんは日の丸を背負って、日本の運命をかけて戦った方です。その方に、電話一本で取材を断られて、それでよし、とはなりません。私は〝御用聞き〟ではありませんので、電話でなく、私の顔を見て断わってください」

そうお願いしたんですよ。ムカついていましたからね、はっきり言って（笑）。しばらく電話の向こうで沈黙が続いていたのですが、「わかった。来週、箱根の知り合いのところに行くことになっているから、箱根まで来るなら、君の顔を見よう」と言うんですよ。私は「もちろん行きます」と言って、箱根の強羅《ごうら》にある喫茶店で会うことになったんです。

指定の時間の30分ぐらい前に行って待っていたら、ごま塩頭で、骨ばった、いかにも旧帝国海軍軍人を思わせる老人が入ってきた。三上さんだと、すぐにわかりました。三上さんは私の名刺を受け取って座ると、「昭和20年3月17日……」と、いきなり話し始めたんです。ええっ？　という感じでした。急いでテープレコーダーの録音ボタンを押し、ノートにメモを走らせました。私の顔を見て断わるどころか、話をする覚悟をして来てくれていたんです。

話の内容はすごかったですね。週刊新潮にも書きましたが、それから30年が経った2015年6月に出した拙著『太平洋戦争　最後の証言』シリーズの「第三部　大和沈没編」で第一章を丸々、このときの三上さんの証言で書かせてもらいました。あの沖縄に向けての戦艦大和の特攻命令の際、「最後は沖縄に乗り上げて、斬り込めという意味でございます！」と伊藤整一中将に言ったのは草鹿龍之介連合艦隊参謀長ではなく、三上さんだったこともわかりました。

**河野**　連合艦隊の草鹿龍之介参謀長と作戦参謀の三上さんの二人が、作戦を伝えに行ったんですね。

**門田**　話は詳細でした。それまでに三上さんが一切、証言していなかったから、正確な事実が後世に伝わってなかったんです。戦艦大和を水上特攻させることなど、三上作戦参謀はまったく考えていませんでした。それとは正反対の作戦を三上さんは考えていたのですが、三上さんが鹿屋に草鹿龍之介参謀長と共に出張している間に、この水上特攻が決められてしまうのです。鹿屋に連合艦隊の先任参謀・神重徳さんから電話が来て、大和への特攻命令が出たことを告げられるんです。そして、その作戦を第二艦隊司令長官の伊藤中将に伝えるように言われたのです。まったく理にかなわない、絶対にやってはならない作戦でした。それを作戦参謀の三上さんが草鹿参謀長とともに伝えにいくことになったのです。

そのときの模様を話す前に三上さんが考えていた作戦を話しておかなければなりませんね。簡単にいえば「佐世保回航《かいこう》作戦」。三上さんは「位《くらい》を効《き》かす作戦」と言っていたのですが、趣旨はこういうものでした。

戦艦大和を旗艦とする第二艦隊を佐世保に回航させ、そこに敵をおびき寄せる作戦です。つまり、瀬戸内海からではなく佐世保から第二艦隊が夕刻出航すると、朝には沖縄周辺にいる敵機動部隊のどてっぱらに突っ込むことができます。「大和」の主砲はやはり米軍にとっては脅威。沖縄を取り囲んでいた敵は、「佐世保に第二艦隊がいた場合、叩いておかないといけない」ということになる。

つまり、戦艦大和への脅威によって敵機動部隊は佐世保への攻撃を先にやらざるを得なくなるわけです。佐世保は軍港なのでそれなりの防空能力があり、そこに第二艦隊の戦艦大和を中心とする防空能力を合わせると相当なものになります。

敵機動部隊が九州に近づいてきたら、〝足らざる戦力〟とはいえ、足の短い（航続距離の短い）飛行機ばかりになっていたとはいえ、それらすべてを動員して、佐世保の周辺で最後の「雌雄を決する場面」をつくりだすことができます。これが三上作戦参謀が考えた「位を効かす作戦」です。これを3月の早い時期に三上さんは打ち出しましたが、宇垣纏《まとめ》大将などの長老連中に反発され、叩き潰されてしまうのです。そうこうしているうちに佐世保回航への時期を失してしまった。

では、なぜ無謀な「大和」の特攻になってしまったかというと、3月29日に及川古志郎軍令部総長が陛下への上奏の中で、陛下から逆に「海軍に、もう艦《ふね》はないのか」という質問が出されたのです。作戦の説明が飛行機の特攻の報告ばかりだったので、陛下は「艦はどうなっている」という素朴な疑問を発せられたのだと思います。私は陛下に特別な意図はなく、率直な疑問だったと思うのですが、及川古志郎には「海軍は何をしている？　もう海軍に艦はないのか」とのお叱りに聞こえたのだと思います。

及川は東北の出身で、上の人に強く言えないタイプの人間でした。そこで「油が不足しており、どうしても航空機による攻撃に頼らざるを得ません」と事情を説明すればいいのに、及川は恐懼《きょうく》して引き下がりました。そして大和を出撃させることにした。軍令部総長からの命令だから、神重徳大佐が仕方なく作戦をつくることになります。このとき、三上さんは草鹿参謀長と共に、鹿屋へ出張中だったのです。そこへ第二艦隊司令長官の伊藤中将に作戦を伝えにいく役割を課せられたわけです。

第二艦隊ができたときに、伊藤中将はわざわざ連合艦隊の作戦参謀である三上中佐のところに来て、「三上君。第二艦隊は虎の子の艦隊だから、無駄な使い方だけはするなよ」と言われていました。三上さんは伊藤中将に「それは十分分かっております」と返事をしたことがあった、と三上さんは私に話してくれました。それなのに結果的にこういう形の水上特攻になってしまった。三上さんには忸怩《じくじ》たる思いがあったと思います。そもそも三上さん自身が「こんな作戦をやってはいけない」と思っているわけですからね。

水上機で鹿屋から山口県の防府の三田尻沖に停泊していた大和に草鹿と三上が向かいました。作戦伝達のときに当然、大和の参謀たちから質問が浴びせられ、草鹿が淡々と説明していきました。その時、それまで目をつぶってやりとりを聞いていた伊藤中将が声を発したそうです。

「ところで三上君、この作戦の目的の範囲と成功度をどう考えるか」

そう尋ねられたそうです。自らの「位を効かす作戦」ではなく、意に反した水上特攻作戦。三上さんは心の中で「これは〝戦理〟に基づくものではありません」と思っていますが、それを口に出すわけにはいかない。そして、「これは、最後は沖縄に乗り上げて斬り込めという意味でございます」と言ったわけです。

**河野**　「総特攻の先駆けになってもらいたい」と言ったんですかね。

**門田**　草鹿参謀長の回想録では、そうなっていますね。しかし、実際は「最後は沖縄に乗り上げて斬り込めという意味でございます」との三上作戦参謀の言葉でした。伊藤中将は、「よし、わかった。それが聞きたかった」と言い、「私たちは死に場所を与えられた」という言葉になっていくわけです。

**河野**　そういうことですよね。

**門田**　水上特攻ですから、覚悟が決まりますよね。戦艦大和は坊ノ岬沖で壮烈な最期を遂げます。乗っていた3332名のうち、重油の海に浮き上がって生き残ったのは276名。私は、2010年から2015年にかけて13名の大和生還者にお会いしました。詳しくは先に言った『太平洋戦争　最後の証言』の「第三部　大和沈没編」を読んでいただきたいのですが、覚悟の決まった乗組員たちの証言には心を打たれました。出撃前夜の最後の宴会の話も興味深かったですよ。それぞれの持ち場で無礼講で呑み、最後は「靖國で会おう」となりました。泣く人間は一人もいない。皆で加茂鶴を呑んだそうです。

**河野**　海軍は士官は加茂鶴、下士官と兵は千福と言われています。

**門田**　大和には大量の加茂鶴があったそうですね。沈ませるわけにはいかないから、呑み干した、と。それにしても、伊藤整一中将は立派な人だったと思います。物静かで、部下想いの優れた指揮官です。お嬢さんへ宛てた手紙の「母さんのような女性になりなさい」という最後の言葉が胸に染みます。伊藤中将の人となりをあらわしていると思います。

**河野**　再婚らしいんですけどね。

**門田**　再婚なんですか。

**河野**　伊藤さんは若くして奥さんを病死でなくし、後添えをもらったんです。

**門田**　そうでしたか。私は大牟田の伊藤中将の墓参りも行ってきました。墓所には、旭日旗がひるがえっていました。毎日、地元の方々が掃除をされているそうですね。

**河野**　久留米の近くではないですか。

**門田**　久留米より熊本寄りで住所は大牟田市です。静かな墓所です。

**河野**　私は陸上自衛隊の幹部候補生学校で講話をしに行ったことがあります。高良山《こうらさん》という山があって、陸上自衛官の幹部候補生は必ず走って登る。陸上自衛官の幹部候補生を鍛える高良山を見たいと思い、連れて行ってもらったら、伊藤整一中将の碑が山頂にありました。陸上自衛隊の幹部候補生は、必ず伊藤中将の碑を見ているんです。

## 山本五十六は軍政家として一流でも、司令官としては「二流、三流？」

**門田**　海軍では山本五十六をどう見ていますか。

**河野**　私は指揮官としては、あまり高く評価していません。

**門田**　私もそうなんですが、高く評価していないのはどういう点ですか。

**河野**　要は、指揮官として徹底していないこと。

例えば、真珠湾攻撃のときに、「第二次攻撃の要あり」と山本は思ったそうです。第二次攻撃で基地にあった燃料タンクなどを潰しておけば、アメリカの軍艦はしばらく動けないからです。ところが、機動部隊の司令官だった南雲忠一は、一応戦果は挙げたからと、第二次攻撃をやらずに帰ってきた。伝えられるところによれば、そのときに「南雲だったらやらんだろうな」と山本が言ったという。自分はやるべきだと思っているのに、南雲に指示していない。

**門田**　「あんた、評論家じゃねえんだからさ」ってやつですね（笑）。

**河野**　ミッドウェー海戦にしても、そうなんです。ミッドウェー作戦の目的は何かというと、真珠湾攻撃の時に撃ち漏らしていたアメリカの空母機動部隊を叩くことです。昭和17年（1942年）4月にドーリットルの日本空襲がありましたよね。東京などを爆撃されたのですから、「陛下に対して申し訳ない、真珠湾で撃ち漏らした空母機動部隊を叩かなければいけない」ということで、ミッドウェー作戦を実行することになった。

ただ、広い太平洋を探し回って見つけるのは困難だから、ミッドウェー島を攻撃して、アメリカの空母機動部隊をおびき出すという作戦だった。つまり、ミッドウェー島（占領）はおとりであって、目的ではない。目的は米空母機動部隊撃滅です。少なくとも山本五十六はそう考えていた。

ところが、南雲部隊はミッドウェーの占領と空母機動部隊の撃滅という2つを達成しなければいけないと位置づけた。だから、ミッドウェー島攻撃用に陸上用爆弾を積んだ航空機だけでなく、艦艇攻撃用の魚雷を積んだ航空機も艦上に並べていた。そして、ミッドウェー島の第一次攻撃隊から「第二次攻撃の要あり」という報告が来たから、攻撃が不十分だと判断して、空母攻撃用に艦上で待機をさせていた航空機の兵装を魚雷から陸上用爆弾に切り替える作業を始めた。そこをアメリカの空母から発進した爆撃機にしてやられてしまった。

2つの目標を同列に置いてしまった第一線部隊に対して、山本五十六は作戦の趣旨を徹底しておく必要がありました。そのへんが……。

**門田**　これはリーダーとしての3条件の1つ目（目標を明確に示す）から合致していませんね。

**河野**　そうです。現場の南雲部隊が二兎を追ってしまったのに比べ、アメリカのニミッツ提督は徹底していました。とにかく日本の空母をやっつけろ、ミッドウェーなんか叩かせろと言ったのですから。

**門田**　私も同じ意見なので、安心いたしました（笑）。河野さんがおっしゃられたとおりで、真珠湾攻撃もミッドウェー海戦もやるべきことを徹底していない。それに加えて、ミッドウェー海戦で、自分は戦艦大和に座乗して、約500キロ後方の海域にいた。山本の頭の中は、大将が後ろに控えて、戦《いくさ》を指揮するという戦国時代以来の発想と変わっていなかったのです。何よりも問題なのは、戦艦大和を活《い》かしていないことです。

なぜ大和は最前線に行っていないのか。大和は、船底から計れば、高さだけでも55メートルもある巨大戦艦です。その最頂部に世界最先端の通信・傍受器を備えている。一方で、空母は飛行機の邪魔になるから、艦橋はできるだけ高くないものにしている。つまり、傍受能力が劣っているのです。山本はその弱点を知りながら、自分は500キロ後方にいて、大和の傍受能力を活かしていない。これが悔やまれます。

**河野**　そうです。「大和」は、そんな後方にあっても、通信班が米軍の空母らしき符号を傍受したりしていた。しかし、ミッドウェー攻撃の機動部隊は察知していない。「無線封止」をしているから大和から伝えることもできない。もし、大和が機動部隊と共に行動していれば、そういう米空母の動きを他艦に発光信号などで伝達することもでき、より機敏な行動がとれたはずです。

**門田**　大和の参謀は「無線封止」を破ってでも伝えるべきだと言いましたね。

**河野**　しかし、「おそらく空母機動部隊もつかんでいるはずだ」ということでやらなかった。でも、それって何の根拠もないのですよ。やはり徹底していない。

**門田**　前述のとおり、空母は大した傍受能力がない。戦艦「大和」だからつかんだわけです。

**河野**　そう言えば、南雲空母機動部隊が米空母を発見した時、第二航空戦隊司令官の山口多聞《たもん》（空母飛龍乗艦）が、「直チニ攻撃隊ヲ発進ノ要アリト認ム」（直ちに発艦の要あり）と信号で南雲司令部に送っています。陸上用爆弾でも甲板を破壊できるから、とにかく空母から飛行機を飛ばせというわけで、正しい戦況認識です。しかし、南雲司令部はそれを却下して、「赤城」「加賀」「蒼龍」が沈められた。山口が座乗する「飛龍」だけが艦載機を発進させ米空母「ヨークタウン」を攻撃し沈めたけど、多勢に無勢でやられてしまって、山口は戦死した。彼こそ、勇敢なる提督です。

**門田**　山口多聞はアメリカが恐れる数少ない提督でした。最期も壮烈でしたね。部下を甲板に集め、「力尽き、ここに陛下の艦を沈めざるを得なくなったのは痛恨の極みである。皆で一致団結し、仇を討ってくれ」と訓示し、退艦を拒否して艦長と一緒に飛龍と運命を共にした。部下たちが艦と共に一緒に死ぬことを願い出ても「二人だけでよい」と認めず、「何かお別れに頂きたく存じます」と言う参謀に、そのとき被っていた戦闘帽を渡しています。

山口は河野さんが言う「3条件」をすべて兼ね備えていた人物だけに、彼が全軍を指揮していれば、と残念でなりません。

**河野**　山口は頭脳もいいですが、鋭い勝負勘があった思います。

**門田**　こういう人物が昭和17年（1942年）段階で亡くなったのは本当に惜しいです。

一方、山本五十六は〝軍政家〟としては立派な人物だったと思います。「アメリカと戦争をしたら大変なことになる」ということがわかっていて、日独伊三国同盟に強く反対した。そのため「このまま東京にいたら、誰かに暗殺されるかもしれない」ということで、連合艦隊の司令長官に出されたわけです。でも、彼が現場の指揮を執ることになったのが日本の悲劇と言えますね。優れた軍政家だった山本は、優れた指揮官、司令官ではなかったのです。司令官としては、二流、三流だったという評価は仕方なかったと思います。

**河野**　天は二物を与えずではありませんが、両方で優れた人はなかなかいないですね。日独伊三国同盟に反対した「三羽烏」の一人が軍務局長の井上成美ですが、彼が第四艦隊司令長官のときは珊瑚海海戦などでは負けています。

**門田**　井上成美も司令官としてはいまいちでしたね。そうすると、軍政家としても司令官としても評価できる人は誰ですか。

**河野**　山口多聞ぐらいですよ。彼は、海軍省でも要職を務めていますし。

**門田**　結局、南雲を機動部隊の司令官に指名するところから始まって、「作戦の目的はこうだ」と徹底させられなかったところが、山本五十六の限界でした。

作戦・目標の達成が徹底されていないのが致命傷となりますが、いまの日本もそうです。たとえば、日本の国家の目標は、別に「財政の健全化」ではありませんよね。経済規模を大きくして、日本経済を復活させ、世界のリーディングカントリーになっていくことが重要です。財務省設置法第３条か何か知らんけど、財政健全化だけにとらわれて増税するとか、国家の目標さえ取り違えて馬鹿なことを平気で打ち出してくる。だから、もう信仰の類いだということで、国民から「ザイム真理教」とまで揶揄されているのが財務省です。

経済を成長させ、ＧＤＰが増えれば税収も増えます。これが財政健全化の基本であるはずです。西村康稔経産相が言ったように、これからの５年間は日本の経済再生にとってラストチャンス。すでに過去最高の68兆円の税収があり、その前の年も過去最高。３年連続でそれが続いてきている。賃上げもイノベーションも、あらゆるものをここでやらないといけない。財務省の官僚は生きた経済を知らないから、増税が賃上げや設備投資の企業マインドを冷やすからダメだという常識さえない。愚か過ぎます。最初にあるべき「国家として何の目標を達成するのか」ということがわかっていないし、間違っている。そんなレベルの財務官僚と、それに引っ張られる国家のリーダーがいるというのが情けないですね。

## 複雑怪奇なことをシンプルに考えた東郷平八郎の偉大さ

**河野**　東郷平八郎については、軍縮条約に反対する艦隊派だったことで、戦後批判される場合もあるけれど、指揮官としては徹底していました。日本海海戦でロシアのバルチック艦隊がさんざんやられて、白旗を揚げた。それを見た参謀の秋山真之が「武士の情けです。砲撃はやめてください」と東郷に言った。すると、東郷は「まだ動いている」と答えて、砲撃をやめさせなかった。白旗を揚げて降参するのだったら艦を止めなければいけないのに、動いているから攻撃は止める必要はないということです。秋山は「これ以上悲惨な姿を見たくない」という思いで進言したけれど、情に流されない気持ちの強さが東郷にはあった。指揮官はこうあるべきです。

**門田**　敵艦隊の進行方向をさえぎるような形で自軍の艦隊を横一線に配し、全火力を敵艦隊の先頭艦に集中できるようにして敵艦隊の各個撃破を図る「丁字戦法」も、自艦を敵の攻撃にさらすわけですから、度胸のいることです。

**河野**　敵前回頭すれば、こちらの砲撃はほとんどストップし、スピードも落ちるので恰好の目標となるので犠牲も多くなります。

**門田**　あり得ないことをやった。あれは秋山の作戦なんですよね？

**河野**　そうですが、実行したのは東郷です。ただし、一か八かではなかった。バルチック艦隊は長い航海で疲れ果てているはずだし、射撃精度も日本のほうが上。向こうの射撃はそうそう当たらないという計算の上だった。合理的思考に基づいてはいました。

もう一つ、日本海海戦で東郷が優れていたのは、対馬で待ったことです。バルチック艦隊がなかなか現れないから、太平洋に回って宗谷海峡を抜けるか、あるいは津軽海峡を抜けるか、と参謀たちは疑心暗鬼になっていました。秋山真之が「安全策をとって、津軽海峡に移動しましょう」と進言するために東郷のところへいき、「バルチック艦隊はどこに来ると思われているんですか」と話を切り出すと、東郷は「対馬だ」と答えた。秋山が理由を尋ねると、「対馬だから対馬だ」（笑）。これが「世界の東郷」を決めたひと言だといわれています。

みんなは「ああだ」「こうだ」と侃々諤々だったけれど、東郷は極めてシンプルなのです。「常識」で判断したのだろうと、私は解釈しています。バルチック艦隊は長い航海でへとへとになっているはずだし、大艦隊だから日本の連合艦隊を恐れるわけがない。後世の人は日本海海戦の結果を知っているからバルチック艦隊は太平洋を迂回していれば……となりますが、当然、最短距離でウラジオストクに向かう。常識で考えれば、そうなります。

物事を複雑怪奇に考えず、複雑怪奇なことをシンプルに考えて答えを導き出す。指揮官は常識がないと絶対に務まらない、と思います。

**門田**　まさにその通りですね。バルチック艦隊の司令官の身になったら、わざわざ遠まわりするわけがないと、東郷は考えたわけですね。

**河野**　そう。船乗りの常識論で、「対馬だ」と言ったのでしょう。ところが、秋山は「どのルートで来るか」と考えて、ノイローゼになるぐらいだった。東郷はそんなことない。おそらく、対馬に来なかったら、そのときは自分が責任を取ろうと考えていたと思います。だから、山本五十六とは逆で、東郷は優れた軍政家ではなかったかもしれないけれど、立派な指揮官だったのです。

## 昔軍隊、今霞が関官僚……成績主義の弊害

**門田** その点、やはり、山本五十六は軍政家であって、指揮官ではない。

**河野** ブーゲンビルで撃墜されたことにしても、何のために視察にいったのか、よく分からない。このときはさすがに「止めた人」もいたわけです。あの時期に連合艦隊司令長官が戦死することは、相当なインパクトを与えるわけで、指揮官の行動としてはちょっと軽率だったと思います。

**門田** いや、よかった。意見が一致しました（笑）。

なにしろ「海軍善玉史観」もあって、戦後、山本五十六は「悲劇の名将」になっているけれど、淵田美津雄などは「凡将」という評価をしていましたね。

**河野** 淵田は真珠湾攻撃の時には攻撃隊指揮官でしたね。戦後は牧師になられて、アメリ

カなどにも行って布教活動をやられたけれど、あるテレビ番組で、いろいろ賛否あるかもしれないけど、やっぱり攻撃部隊を率いて真珠湾に向かっているとき、後ろに零戦が並んでいるのを見て、「あのときは軍人冥利に尽きた」と言っていました。それはそうなんでしょう。

山本五十六についてもう一つ言えば、真珠湾作戦を無理やり、ねじ込んだのです。従来の海軍軍令部はアメリカを仮想敵としてから、攻めてくるであろうアメリカ艦隊を、潜水艦や他国の魚雷に比べてはるかに駛走《しそう》距離が長く炸薬《さくやく》充塡《じゅうてん》量も多い酸素魚雷を開発し、それを駆逐艦に配備し、敵艦を徐々に撃破し、ほぼ互角戦力になった時点で艦隊決戦をやって撃滅するという「漸減《ぜんげん》作戦」を基本としてきました。ワシントン条約（１９２２年）で、主力艦については、総保有量比率をイギリスとアメリカが5に対して、日本は3になっていましたから。

しかし、山本五十六が連合艦隊司令長官になったときに、それでは長期戦になるとして、真珠湾攻撃を立案させた。それはそれでもいいのだけれど、「これをやらなかったら、自分は連合艦隊司令長官を辞める」と言ったといわれています。これはいかがなものかと思います。結果として、真珠湾攻撃は戦術的（作戦的）には成功したといえますが……。

**門田**　戦略的（長期的）には大失敗です。

**河野**　それから、ミッドウェーの敗戦で、機動部隊の南雲司令官を交代させるべきでした。アメリカはその点でしっかりしていた。ほとんど情報がなかったので、真珠湾攻撃でやられてしまったのだけれど、米国太平洋艦隊司令長官のキンメルは即更迭。名誉回復はつい最近です。また、米軍の場合、戦意がないと見られたら指揮官は即更迭です。

**門田**　仲間内でやっているから、日本の組織は軍隊も官僚の世界も信賞必罰がない。

**河野**　組織的な活性化ができていなかったということですよね。

**門田**　お互いの「失敗」をかばい合って、傷をなめ合うわけです。要するに、日本のエリートたちの「ギルド（職域組合）」に過ぎない。

**河野**　軍隊内部も官僚化してしまい、実力主義優先の武人の集団ではなくなったということでしょうね。日露戦争のときの軍人は実力主義だった。どうしてそのあと、ここまで違ってしまったのかと考えたときに、陸軍もそうだけれど、教育システムが関係するのではないかと思いあたりました。日露戦争までは教育システムはそれほど整っていないじゃないですか。戊辰戦争で刀の下をくぐってきた人たちが、そのまま司令官になった。ところが、その後は兵学校、士官学校の成績で順番を付けだして、海軍であれば兵学校の卒業順位で人事が決まり、それを逆転することが難しくなった。ミッドウェーで負けたにもかかわらず、山本が南雲を替えなかったのは、そういうことだと思います。

それに比べ、アメリカなんて、マッカーサーはウェストポイントでトップでしたが、欧州軍総司令官のアイゼンハワーは下から数えた方が早い。海軍トップのキング提督も成績は良くなかったが、抜擢、抜擢、抜擢です。もちろん作戦が失敗したら、すぐに更迭。ちょっと戦意がないだけでも更迭です。太平洋戦争での日米両軍を比較すると、日本は官僚的になってしまって人事が硬直化していた観があります。

**門田**　まったく今の日本の病巣そのままなんですよね。霞が関官僚を見てもわかるように、いまだにペーパーテストの成績が絶対です。日本は、かつてそのために「滅んだ」のに、同じ失敗をまだ繰り返している。

**河野**　教育システムがあまりにも整うということは要注意ですね。その運用しだいで、危うい組織をつくることになります。

**門田**　「エリートが日本を滅ぼす」と、私はずっと言ってきました。現場ではたたき上げの人材が一所懸命カバーするが、エリートが国を亡ぼしていく。何度も言うように、日本は「エリートが滅ぼし、現場が凌ぐ国」。情けないです。

## 明るいリーダーでないと、人はついてこない

**河野**　渡部昇一さんが『渡部昇一　一日一言』(致知出版社)という本の中で、「司令官の条件」として、こんなことを書いています。

「第一次大戦後、ヒトラーの出てくる前のドイツ参謀本部の最後の参謀総長となったゼークトは、大戦中の戦場全部を検討して、『参謀本部はこれという間違った作戦をやっていない。ただ、上手くいかなかったのは、司令官が途中でおたおたしたところである』と言っています。つまり、ドイツ陸軍は完璧なる理想的な参謀をつくることには成功したが、司令官をつくることに失敗したというわけです。

では、どうしたらいい司令官ができるかと(ゼークトは)問われて、『それは分からない』と答えています。ただし、これだけは言えるとして、『いつでも上機嫌でいる』こと、『朗らかな気分を維持できる人』が司令官にとっては一番重要である」、と指摘しています。

**門田**　でも、それでは、陸軍参謀総長をやった日和見主義の杉山元《はじめ》・元帥がいい司令官になる。ちょっと賛成できません(笑)。

**河野**　上機嫌、おおらかな気分は、ニコニコ笑っているという意味でなくて、一種の明る

さが必要だということでしょう。振り返ってみると、安倍さんには明るさがあったじゃないですか。

**門田**　それは、大いにありましたね。

**河野**　ゼークトの指摘を読んで、私が「なるほど」と思ったのは、司令官と参謀は違うということです。参謀は、おそらく一点集中でいいと思うんです。でも、司令官は「この人のためなら」というオーラを出さないといけない。

例えば、『坂の上の雲』の実質的な主人公の秋山真之は典型的な参謀です。そして、兄の秋山好古は典型的な指揮官タイプです。

**門田**　好古は陸軍の騎兵を率い、奉天会戦で世界最強のロシアのコサック騎兵団を打ち破りましたよね。あれが日露戦争での陸の最後の戦いになりました。

**河野**　そうです。大酒飲みで、明るさを持っていたと思う。

それで、防大の後輩などによく話すのは、「私は勉強して参謀になりたいとか言う人もいる。そこは違うんじゃないか。あくまでも参謀は通過点として考えなければいけない。よき指揮官になるということを、防大生は目標にするべきだ」ということです。

**門田**　目標はリーダー養成ですからね。

**河野**　明治時代の陸軍はフランス軍からプロシア軍に宗旨替えして、陸軍大学校をつくりました。だから、陸軍大学校はドイツ方式で、まず参謀を育てる。そして、陸軍大学校を出た人は陸軍省から参謀本部に人事権が移り、参謀本部が参謀人事をやる。参謀を育てることには血眼になり、いい指揮官を育てることに力を入れていないことが、このシステムからもわかると思います。

例えば、日露戦争ですぐに思い浮かぶ陸軍軍人は大山巌、乃木希典、あるいは黒木為楨《ためもと》あたりでしょうか。では、昭和陸軍はどうか。満洲事変だと石原莞爾、板垣征四郎が出てくるけれど、2人とも参謀です。「そのときの関東軍司令官は誰ですか」と聞いたら、みんな「誰だったけ?」となる。本庄繁（陸軍大将）という名前はなかなか出てこないでしょうね。このように、昭和陸軍は指揮官の顔が見えていないわけです。それはゼークトが言うように、指揮官を育てていないからで、これが最大の欠陥でした。そういう組織だから、参謀が指揮官の名を借りて命令書を書くようになったし、『日本のいちばん長い日』（半藤一利。文春文庫）でも、終戦を認めずに抵抗したのは陸軍の参謀じゃないですか。

海軍も、海軍兵学校のハンモックナンバーとか、海兵何期というのが幅を利かせて、硬直した人事をやっていました。ただ、指揮官の顔は見えていたわけです。例えば、「連合艦隊の指揮官は誰か」と聞けば、山本五十六の名前がすぐに出てくる。「山本五十六の参謀長は誰ですか」と聞いたら、逆に、宇垣纏とかすぐに出てこず「誰だったっけ?」になるわけです。

**門田**　陸軍でも、これまで挙げてきた人物や、山下奉文といった司令官の名前は出てきます。

**河野**　山下奉文はそうだけれど、昭和陸軍は全体的に参謀先行で、リーダー、指揮官を育てていなかったことは最大の間違いだったと思います。それはドイツ参謀本部の影響だと思います。占領軍として入ってきたマッカーサーが日本の将官を見て唖然としたそうです。マッカーサーの父は日露戦争の時の観戦武官で、マッカーサーも同行していました。大山巌、乃木希典、黒木為楨等は、マッカーサーにとって圧倒されるくらいの迫力があった。ところが、占領軍の指揮官として日本に来て、会った将官はまるで違ったと本人が述べています。

**門田**　陸大の成績優秀者は「天保銭《てんぽうせん》」と呼ばれた徽章を付けましたよね。彼らを天保銭組と呼びました。しかし、昭和11年（1936年）から天保銭の徽章を付けてはいけなくなりました。理由は「弊害の大きさ」です。エリートとして威張りに威張って、どうしようもなくなったのです。これもわかりやすいですよね。

**河野**　繰り返しになりますが、いわゆるマニュアル化されたような学校教育を徹底しすぎたからだと思います。だから、さっき言ったような、敗戦といった前例のない危機的な場面に出くわしたときに、柔軟な対応や回答を引き出せなかったと思います。

**門田**　マニュアルなき事態にどう対処するか。あるいは戦争に敗れたときに、どうするか。一応、基礎的なことぐらいは教えてくれたらいいのに、それも教えていない。さきほど私はこれを「日本軍の驕り」と言いましたが、負けたときどうするかは、勝つためにどうするかというのと同じくらいに重要なことが「わかっていなかった」ことが恐ろしいですよ。

**河野**　教わるというよりも、何のために軍はあるのかという本義に立ち返れるかどうかでしょう。

**門田**　そうです。本義を知らなければいけない。これはリーダーの絶対に必要な条件ですから。

**河野**　上の者に命令されて、そのまま従うのだったら、各戦場に於ける指揮官の意義はないと思います。

## 常識に基づく発言で更迭された栗栖弘臣

**河野**　栗栖弘臣さんは戦時中の1943年に、東京帝大法学部を出て、高等文官試験をトップの成績でパスして内務省に入られた。戦争中は短期現役制度で海軍の法務大尉になり、戦後は官僚に戻らず、警察予備隊、陸上自衛隊に入った。当時、文官（文民）統制が定着した時代でしたけれど、栗栖さんからすれば、もともと文官出身だったから怖くもなんともなかったんでしょうね。

昭和53年に「いまの法律の下では、奇襲攻撃を受けたときに、現場の指揮官は超法規的行動をとらざるをえないから、この間隙は埋めなくてはならない」と週刊誌などで問題提起をされた。そして、金丸信防衛庁長官によって瞬時に更迭されました。

**門田**　栗栖さんは、見た目はそんなに鋭さを感じさせない人でしたが、物事をわかりやすく明快に説明してくれる頭がいい方でしたね。

**河野**　栗栖さんは有事法制を問題提起されたと言われますが、よくよく発言を聞いてみると、有事法制ではありません。栗栖さんが指摘したのは、平時から有事になるまでの間の間隙が、法律的にカバーできていないということ。われわれの言い方をすると「マイナー自衛権」です。本当は自衛権に、マイナーもメジャーもないのだけれど、日本の場合はそういう切り分けをするんです。

どういうことかと言うと、国が発動するのがメジャーな自衛権であり、自衛のために部隊が発動するのをマイナー自衛権としている。基本は両方とも自衛権なんです。しかし、憲法9条の下では自衛権は限定されるとの解釈で「マイナー自衛権」はダメだということになっています。

栗栖さんは「防衛出動がかかっていない段階で奇襲攻撃をかけられたら、現場指揮官としては対抗せざるをえない。しかし、法律の規定がないから、超法規的にならざるをえないのではないか」という問題点を指摘されました。樋口さんや根本さんと同じような状況になればどうするかという問題です。

**門田** 常識に基づく発言で更迭される。当時の風潮と、それに迎合した防衛庁長官の金丸さん。金丸さんは、そういうことを理解できない人だったんでしょう。

**河野** この発言は私が練習艦隊の実習幹部だったときのことですが、自衛官を取り巻く空気が、今とは全然違いました。当時の雰囲気は、大臣や内局の了解もなく、制服組が勝手に外部に向かって意見（私見）を述べることなどあってはならないのが原則でした。だから、内容もさることながら、更迭されたわけです。

**門田** 「制服組はものを一切言うな」という、ありえない時代でしたね。

**河野** しかも、統合幕僚会議議長だった高官が、追い出されるような仕打ちを受けた。たしか、離任式もまともにやっていないはずです。

**門田** 離任式なしで？

**河野** いや、形だけの離任式はやったかもしれないけれど、限られた人だけが見送るという縮小した形でやられたようです。「内局で出たのは自分だけだった」と、警察から防衛庁に出向していた佐々淳行さんが言っていました。

栗栖さんは、その後、昭和55年（1980年）の参議院選挙に立候補して、民社党から出たということもあるけれど、支持基盤が弱く次点で落選した。ただ、当時、防衛政策に関しては、民社党のほうが自民党より先に進んでいた面があります。

**門田**　それはそうですね。自民党はいまだにそれが払拭《ふっしょく》できないどころか、前の章でも取り上げましたが、安保3文書に「核不拡散条約の遵守」という誰もが納得する文言でなく、「非核三原則（持たず、作らず、持ち込ませず）」まで入れてしまいました。これでは、話になりません。

**河野**　専守防衛や非核三原則を国是という言い方をする人がいます。でも、国是でもなんでもないですよね。

**門田**　そう、国是でもなんでもない。

**河野**　憲法9条は第1項で、国際紛争を解決する手段としての武力の行使はやりませんという。これは賛成です。国連憲章もそうなんです。不戦条約もそうです。しかし、「侵略を受けた後に、日本はどう戦うか」ということは、戦術的な場面に移ってくる。専守防衛の定義では、「防衛力行使の態様も自衛のための必要最小限」とされている。そこまで憲法

9条が制約をかけているのか。どう読んだって、そんなことはどこにも書いていない。だから、侵略を受けたら、日本国民を守るために必要なあらゆる行動を取るのは当たり前の話です。

でも、そんな議論はまったくなしで、専守防衛は憲法の精神に則った云々……、誰がそんな忖度したんだという話なんです。絶対に先に手は出さないが、侵略を受けたら日本国民を守るため必要なあらゆる行動を取る。これは立派な専守防衛です。

**門田** そういうことを言うのは、ノイジーマイノリティが大半でした。インターネット時代になると、若い人もだんだん改憲の必要性なども理解するようになって、現実主義者が多くなってきました。しかし、岸田文雄さんのような非現実的な政治家が首相だと一歩も前へ行かないわけです。

常識で考えれば、金正恩、習近平、プーチンという危ない指導者の国に囲まれた、世界で最も危険な国が日本です。地政学的に否応なく彼らと付き合わざるをえない日本が、「どうあらねばならないのか」を示す安保3文書の中に、わざわざ「非核三原則の堅持」を入れ、核の通過や持ち込みすら許さないのです。そして、これを平然と了承してしまう自民党……。これでは日本の明日はありません。

**河野** 今は栗栖さんの時代と違って、私のような自衛隊OBもテレビなどの討論番組に呼んでくれて、自由に意見を闘わすことが可能になりました。一歩前進しているのは事実ですが、過去の軍人たちの歩んできた「国と国民を守る」ための血と汗と涙の軌跡をいまひとつ、多くの国民に知っていただきたいものです。

# 第五章

# 経済と安全保障を考えるリーダーよ、出でよ！

## トヨタの部下は「中国進出を止めましょう」と言えない

**河野**　いままで見てきたように、政治や戦争の場面など、さまざまな局面で「止める決断」ができず、ズルズル引き延ばして、墓穴を掘る人や組織がいかに多いことか。一人ならともかく、それで国家や官僚組織や何万人もの社員をかかえる大企業が崩壊、倒産したら、国民や社員はいい迷惑です。

**門田**　今まさに中国に進出した企業がそれです。トヨタなどはいつアメリカから制裁を食って、北米市場を失うかもしれない。しかし、そんなリスクがあっても、中国への依存度が大きいから、撤退することもできません。

**河野**　そこまで、深みに嵌《は》まってしまったということですかね。このままでは墓穴を掘ることにもなりかねない。

**門田**　しかも、世界最先端の自動運転技術の研究所を清華大学と共に設立しました。自動運転技術は、自律型巡航ミサイルに一番重要なもの。つまり、自律型巡航ミサイルの技術にトヨタの技術を転用できるわけで、自国を危うくするような技術を中国と共同研究しようとしている。そんなことをしたらダメだという声が社の内外から出てこないとは……。

一昨年（2021年）に亡くなった日立製作所（元経団連会長）の中西宏明氏にしても中国べったりでしたが、トヨタがそういうふうになったのは、中国進出が遅れていたトヨタの社長に奥田碩氏がなって、たちまち先行する自動車メーカーを追い抜き、のめり込んでいった結果です。直近では村田製作所が、中国に何百億円もの投資をすることを発表しました。自由世界が中国離れを起こしつつある現在、これから中国の工場を大きくしてどうするのか。普通は止めますよ。ハニトラ、マネトラ、いろいろなことがあるだろうけれど、中国から誘われても、ウイグルジェノサイドのことがありますからね。また台湾侵略の可能性がこれだけ言われ、しかも、将来の日本の最大脅威になる国へノコノコ行くことに何も感じないのでしょうか。少なくとも常識ある企業人とは思えませんね。

ワックから出た平井宏治氏（アドバンス代表取締役）の『トヨタが中国に接収される日』の推薦文を私は書かせてもらいましたが、有事に軍事動員する「国防動員法」や、有事・平時を問わず中国政府の情報工作活動への協力を義務づける「国家情報法」が中国にはあります。両法とも、さらには中国国内はもちろん海外在住の中国人をも対象としている。

**河野**　「いかなる組織及び個人も、法律に従って国家の情報活動に協力し、国の情報活動の秘密を守らなければならない。国は、そのような国民、組織を保護する」という中国の「国家情報法」（第7条）は、要は、中国国民に対して、中国政府の命令があれば、スパイになれということです。
こんな国に工場を建てたりするのは「やめましょう」と経営トップにいえる社員はそうはいないでしょう。だから、トップが決断しないといけないということです。
**門田**　そのとおりです。将来を見通し、社員のことも思い、それこそ国家観、使命感、さらには全体を俯瞰する力を以って「中国からは撤退すべきだ」と判断するのが真のリーダーです。
**河野**　中国は経済発展すれば西側と同じ価値観になると西側諸国は思ったわけです。だから2000年にWTOへの加盟も認めた。そう思ったので多くの企業が進出したわけです。しかし、やはり異質な国だとやっと世界は分かってきた。米国が自分たちが間違っていたと認めたのはトランプ政権の後半です。もうそろそろ中国リスクを直視する時期に来ている。それを踏まえないと企業自身がダメージを受けることになる。

## 対中姿勢がしっかりしていたJR東海の葛西敬之

**河野**　その点、昨年（2022年）に亡くなったJR東海の葛西敬之《かさいよしゆき》さんは対中国の姿勢がしっかりしていました。新幹線の技術も中国に売り渡すこともしなかった。そもそも、J

R東海はまったく中国との取引がないでしょう。

**門田**　確かに、経営者の中でその点で一番しっかりしていたのではないですか。さきほどのトヨタの奥田碩氏とか日立の中西宏明氏などとは、まったく違いますね。やっぱり信念のある経営者は、中国と交流を持つ、あるいは進出すると「どうなるか」が分かっています。そうでない人は、目先の利益に誘惑され、儲ければいいということでしょう。

**河野**　葛西さんは戦闘力というか、国士として戦う姿勢がものすごくありました。叩かれても、ふにゃっとは絶対になりませんでしたね。葛西さんは経済人だったけれども、政治がずっと頭の中にあった人で、安倍さんとも親しかった。それから、これぞと見込んだ若手官僚を呼んで勉強会を催し、自分が見込んだ人と食事をしたり、いろいろやっていた。私もその中に入れてもらって、親しくおつきあいさせていただきました。

あと、新幹線の品川駅をつくるという発想は葛西さんだと言われていますね。東京駅と近いから、誰が見たって、「なんで品川なの?」となりますが、品川駅で乗り降りする人がけっこういる。そのあたりは先見の明がありました。でも、心残りだったのは、やっぱりリニアモーターカーでしょう。

**門田**　中国サイドの川勝平太・静岡県知事は、リニアモーターカーの開通を遅らせようとして、ずっと意地悪をしていますね。中国から指令が来ているのか、来ていないのか、興味深いです。それにしても、安倍さんが葛西さんの弔辞を読んだ1カ月後に亡くなったのは衝撃でした。

**河野**　しかも、葬儀は同じ増上寺。安倍さんの国葬儀の際、菅《すが》義偉《よしひで》前総理の弔辞が話題になりました。菅前総理は安倍さんが読みかけていた岡義武東大名誉教授の著書『山県有朋』（岩波書店）にまつわる話をされました。それを聞いて、その本は葛西さんが安倍さんに読むことをすすめた本だと確信しました。実は私も葛西さんから読むことをすすめられたのです。このように葛西さんは安倍さんに大きな影響を与えた人だと思います。

**門田**　そのとおりです。

**河野**　葛西さんは、台湾独立派の金美齢さんと親しかったんじゃないですか。

**門田**　そうですね。

**河野**　金美齢さんのサークルに入る経済人はあまりいないのではないですか。

**門田**　金美齢さんは、単に偉い人でなくて、面白い人でないと、自分のサークルに入れませんから。葛西さんが入れてもらっていたということは、金美齢さんが面白い人と思ったからでしょう。

**河野**　経済人がああいうサークルに入ると、ある意味で旗幟《きし》鮮明《せんめい》になって、人の反発を買うことがあると思います。ビジネスを考えたときに、みんなお客さんだから、反発されるのを避けたいと考える人は少なくないはずです。でも、葛西さんはそういうことを度外視していました。だから、敵も多かったと思います。常識的に考えれば、それは経済人として不利なことです。基本的には、「政治的には中立です」と言って、八方美人に徹していたほうがいい。

**門田**　「リーダーの3要件」を持っていたことになりますね。

**河野**　そうなります。目標を明確に持っていましたし、それを実現する強い意志。責任感もありました。葛西さんは経済人の枠を超えた人でした。

## 「平和ボケ」の沖縄の人々に訴える

**門田**　それにしても、経済人や政治家はむろんのこと、一般の国民も、中国に関して、現実の脅威を知らない人が多いですね。前章でも触れましたが、去年、取材で那覇、石垣、与那国に10日間行ってきました。その際、沖縄で講演する機会もあったのですが、中国の脅威を本来、最前線でひしひしと感じるはずの沖縄の人が現実を知らないことに驚かされました。

**河野**　どんな話をされたのですか。

**門田**　こんなことを話しました。

――デニー玉城さんが沖縄知事選で再選された翌々日の2022年9月13日に、環球時報（人民日報の国際版）が社説で、「もはや沖縄民衆の訴えは無視されてはならない」「〝毒源〟である米軍を沖縄から追い出さなければならない」と書いている。あの大国が外国の一地方の知事選挙を論評する社説を出し、世界に流したわけです。「もはや沖縄民衆の訴えは無視されてはならない」という意味は言うまでもありません。しかし、こういう論評は一般の日本のメディアが報じないだけで、ずっと続けられてきました。たとえば、一番分かりやすい2016年の人民日報、人民網の記事を見てください。

「琉球群島の地位は未定である。もう日本の沖縄と呼んではならない」と書いてあります。つまり、「日本の沖縄ではない」のだと。これは共産党機関紙の人民日報だけでなく、いろんな中国の媒体が出しています。

向こうのテレビの報道もすごいですよ。

すでに中国には、「中華民族琉球特別自治区準備委員会」なるものができています。そのトップがテレビで「琉球人は中華民族である」と主張しています。「中華民族」とは、20世紀になって初めて出てきた言葉です。そんな言葉は19世紀以前はなく、これを中国共産党が利用し始めたのです。「漢族」あるいは「漢民族」はありますが、「中華民族」は新しい造語なのです。

つまり、中国共産党は「中華の文明が及んでいるところはすべて中華民族」と言い出した。だから、モンゴルのチンギス・ハーンが、今や「中華民族の英雄」となったのです。

新疆ウイグル自治区のジェノサイド、チベットが悲惨な目に遭っていること、それから香港での弾圧、そして今後、台湾がどうなるか……「台湾有事は日本有事」という安倍さんの言葉どおり、沖縄、特に先島諸島は台湾有事で直接、戦火が襲ってくる可能性がある。沖縄の講演では、「皆さん、戦火はそこまで迫っています」と強調しました。

こういう中国の報道や論評に琉球新報や沖縄タイムズは絶対に触れません。それは「都合が悪い」からです。そして、玉城デニー沖縄県知事は、米軍に文句をつけても、中国が沖縄の漁民の生活を脅かしていることには文句を言わない。それはすでに中国に「やられている」ということです。沖縄の皆さんは、中国の目的を知らなければなりません。具体的な資料を出しながら、そういう話をさせてもらいました。

## なぜ私は「積極的改憲論者」になったのか

**門田**　かつて私は憲法を改正したほうがいいとは思っていましたが、必ずしも「積極的改憲論者」ではありませんでした。この点だけは櫻井よしこさんと意見が違っていて、「もっと積極的に憲法改正を言いなさい」と櫻井さんに言われていました(笑)。しかし、公明党が与党にいるときに改憲になると、いろんなところをイジられて「日本が危なくなるかもしれない」という懸念もありました。では、なぜ変わったのか。簡単にいえば、憲法を改正しなければ、日本が生き抜けなくなったからです。

２０１２年に中国共産党の総書記になった習近平は、翌年3月の全人代で国家主席となります。彼が唱えたのが「百年の恥辱を忘れず、偉大なる中華民族の復興を果たす」というスローガンでした。「偉大なる中華民族の復興を果たす」はご存じでしょう。しかし、その前段の〝百年の恥辱〟は多くの人が見逃している。実はこれが重要なのです。百年の恥辱とは「百年国恥」のことです。「百年国恥」とは、１８４０年のアヘン戦争から１９４９年の中華人民共和国の成立までの１０９年、およそ百年に受けた「恥辱」のことです。この国の恥を中国では小学校から教えられている。だから、百年国恥という言葉を知らない中国人はいないわけです。

アヘン戦争に敗れて、湾岸の上海などの大都市には、アメリカ租界、イギリス租界、フランス租界ができ、遅ればせながら日本も行って日本租界ができた。その入口には『犬と支那人、入るべからず』と書いてあった。そして、日本は満洲国をつくり、百万を超える支那派遣軍が大陸を席捲し、首都の南京も陥落させた。つまり、中国では「百年国恥」とは、日本への恨みを表わす言葉になっている。「日本への恨みを晴らして、偉大なる中華民族の復興を果たす」ということです。

2013年に習近平はこれを宣言したのです。その瞬間、私は習近平がこれまでの他の中国の領袖とは全く異なる人物であることを悟りました。これはもう憲法改正を早急に実現してNATOと同様の集団安保体制を構築しなければ、日本の存続が難しいレベルにあることがわかったのです。プーチンがウクライナに攻め込む2022年2月24日まで、私たちは曲がりなりにも戦後秩序を守ってきた。なぜなのか。第二次世界大戦の犠牲者およそ6千万人の「無念」があるからです。この無念を忘れまいと、世界は平和と国際秩序を守ってきた。しかし、それをまったく破壊する政治家がついに現れたのです。それがプーチンであり、習近平なんです。

私は何十年来の付き合いの中国人も含め、親しい中国人が結構います。彼らとよく議論をするから、中国人の論理はわかります。6千万人の無念に対して、中国人がどう考えるかということも何度も話しました。

私が「この6千万人の無念を無にするのか」と言うと、中国人は「それは西洋人の論理だ。私たちは長年にわたって徹底的に辱められ、貶《おとし》められて、百年にわたる恥辱の時代を過ごしてきた。もう戦争が終わったから、『これですべて終わり』と急に言われても、従うわけにはいかない。私たちはやっと力をつけてきた。百年国恥を忘れずに、偉大なる中華民族の復興を果たすという習近平のスローガンは当然だ」——と言うわけです。

彼らは、憎い日本をすり潰して、偉大なる中華民族の復興を果たすのです。それは沖縄だけではない。北海道も九州も土地は買われているし、公明党のみならず、自民党の8割が親中派で、法案の審議でもやられっぱなし。やがては属国となり、征服されます。

それが嫌なら、私たちは自分たちが置かれている現状を知り、中国への抑止力を高めなければなりません。戦争をする必要はないが、中国に「日本に手を出してきたら大変なことになりますよ」という抑止力を構築して、平和と国民の命、子孫の命を守らなければいけない。今回『日中友好侵略史』を書いたのは、こういうことを分かってほしいからです。沖縄での講演でもそういう話をさせてもらいました。聴衆の反応はよかったですね。講演が終わったあと、「こんな話は初めて聞いた」と言われました。

**河野**　『日中友好侵略史』は読みました。

**門田**　ありがとうございます。こんな状態が続いたら、日本はダメになるとの思いを込めて書きました。

## 中国の侵攻に対して、台湾はどこまで戦えるのか

**門田**　そういった反日的な傲慢な発言を繰り返している中国ですが、ロシアがウクライナに侵攻した２０２２年2月24日、夜の10時台に大阪の薛剣《せっけん》総領事が「強いやつには逆らってはならない。たとえうしろに強いやつがいたとしても、火中の栗を拾ってはいけない」という内容のツイートをした。あの日、ウクライナ戦争は3日以内に終わるだろうと思われていましたからね。ロシアの進撃がうれしくて仕方がなかったのでしょう。

ところで、河野さんは台湾への中国の侵略は、どの程度成功すると見ていますか。

**河野**　上陸作戦に関して、地形的にはなかなか難しいとか、いろいろと異なる分析がありますす。ちょっと判断がつきかねるのですが、やりようによっては成功する可能性もあると思います。ただ20万ぐらい投入しないといけないでしょうね。

**門田**　20万の軍を投入しても、互角じゃないですか。兵力を輸送できるのが1回で2万5

000だとしても、相当台湾を叩いておかないとダメじゃないですか。

**河野** そう。上陸させるためには、制海権、制空権を取っておく必要があります。

**門田** 拠点を叩くだけじゃなくて、大都市も攻撃するでしょうか。

**河野** いや、拠点だけでしょうね。大都市、特に台北など政権の中枢は残しておかないと、後々、チャンネルがなくなりますから。

**門田** 台湾側の反撃はどう見てますか。

**河野** けっこう強力に反撃に出ると思います。

**門田** 三峡ダムを破壊するぐらいのことをやるでしょうか？

**河野** 三峡ダムを攻撃するかどうかは別にして、向こうの出鼻をくじくという意味で、軍事的に中国本土の一部を攻撃することもありうるでしょう。台湾は中国本土を叩かないと決めてかかる必要はない。

**門田** 三峡ダムを破壊したら、中国国内の凄まじい怒りと同時に、厭戦《えんせん》気分もまた大きくなると思います。そうすると、反撃として中国が台湾に戦術核をぶち込んでくるというエスカレーションがあるかもしれない。

**河野** 台湾侵攻は、まずサイバー攻撃を含めたハイブリッド戦で、台湾に親中政権を建てて、「自分たちは要請を受けて台湾に入ります」と言わせるのが一番上策ですよね。

**門田**　その意味で2024年の台湾総統選が注目です。与党・民進党の頼清徳《らいせいとく》・現副総統が勝つか負けるかは、世界の運命を変えます。国民党が朱立倫《しゅりつりん》主席で来るのか、それとも人気の侯友宜《こうゆうぎ》・新北市長を出してくるのか予断を許しませんが、総統選に出馬するだろう台湾民衆党主席の柯文哲《かぶんてつ》・前台北市長は、民進党と国民党のどちらの票を食うか、となると、やはり民進党の票でしょう。そうすると「国政選挙は民進党」という、ここのところの不文律が崩れる可能性があるわけです。

私は、2022年11月の統一地方選で予想以上に国民党が圧勝したので、中国による軍事侵攻がやや「遠のいた」と考えています。前回の総統選で蔡英文・現総統に敗れた際、蔡英文は史上最多の817万票を集めました。とても総統選で民進党を破るのは無理と考えていたのに、「ひょっとしたら、親中の国民党が勝つかも？」という淡い期待を習近平は抱かせてもらったわけです。

また、今回、台北市長に当選した蔣介石のひ孫の蔣万安《しょうまんあん》が、これまた大人気ですからね。2024年にたとえ敗れても、その次の2028年の総統選では彼を押し立てて国民党が勝つかもしれない、という声も大陸では出ている。習近平にしてみれば、無理やり軍事侵攻する必要はないというふうに、普通は考えますよね。まあ、常識が通じる人物ではありませんが、来年の総統選までに動く可能性は少し低くなりました。

**河野**　ただ、去年は地方選挙です。民進党の経済政策が評価されなかった。外交、防衛のほうにばかり関心が行ってしまって、そちらがなおざりになっていたことへの評価が出たのではないかともいわれています。とはいえ、蔡英文総統が中国に対して非常に強硬な姿勢を取り、強いリーダーシップを発揮していることはまだ評価されているのではないですか。

**門田**　地方選と総統選は全然違いますからね。

**河野**　観点が違う。地方選は国民の生活が第一。しかし、総統を選ぶということは、そこに国の命運が懸かってくる。香港の状況を見ていますし、台湾には香港からの亡命者がいっぱい行っています。それから、ウクライナ戦争の件も影響するでしょう。中国の軍門に降ればどういうことになるかは、絶対にわかっている。台湾が白旗を上げることはないと思う。

もし、ハイブリッド戦でうまくいかなかったら、いまのウクライナのように、クラシックな戦いになるでしょう。軍が台湾に上陸するときは、先ほど申し上げたように、上陸部隊が安全に上陸できる状況をつくらなければいけないから、制空権、制海権の争奪のための戦いになる。そうなったら、当然、日本にも影響します。

## 覇権国同士は、勢力圏の線引きをどこでするかで争う

**河野**　アメリカとの間が本当に緊張して、一触即発ということになれば、中国は絶対に第一列島線ライン（中国が勢力圏を確保するため、海洋上に独自に設定した軍事的防衛ラインの一つ。九州沖から沖縄、台湾、フィリピンを結び南シナ海に至る。中国が台湾有事を想定し、米軍の侵入を防ぐ自国防衛の最低ラインとしている）を守ろうとするでしょう。その内側を自由に使えるようにしておかないと、アメリカと戦えませんから。

香港、台湾、そして尖閣は全部第一列島線の内側です。だから、「1国2制度50年」といっていた香港の体制を潰した。中国からすると、台湾と尖閣は、香港と同じ「核心的利益」のレベルです。ちなみに、第二列島線ラインは「日本から小笠原諸島、グアムを結んだ線」になります。

台湾問題を米中対立の関ヶ原、あるいは天王山のように捉えて、「さすがに習近平だって慎重になるだろう」と考える方がいます。でも、中国が経済大国になったこともあり、好むと好まざるとかかわらず、アメリカとは中長期的に対立を余儀なくされる状況になってきた。だから、中国はアメリカと対決するために、第一列島線の確保は解決しておかな

ければならない喫緊の重要課題です。習近平としては悠長な話ではないと思います。さらに中国としては第一列島線を自国の安全のために極力外へ押し出そうとするでしょう。そうなれば、沖縄を含む南西諸島も第一列島線の内側ということになる。

米ソ対立もそうでしたし、大航海時代のスペインとポルトガルもそうですが、覇権国同士の争いは、結局世界の分割なんですね。つまり、「勢力圏の線引きをどこでするか」ということです。アメリカをこの世からなくすことはできない話なので、アジアからアメリカの影響力を排除して、自分の勢力圏に置くことが、中国の最終的な目的だと思います。大東亜戦争で日本が提唱した大東亜共栄圏は、そこからアメリカの影響力を排除して、自給自足の体制をつくることが目的でした。それと同じような形です。

太平洋を二分して、西側は中国、東側はアメリカという構想を彼らはもっていると思います。いわゆるG2論です。台湾、尖閣は中長期的には米国と対決するためには解決しておかなければならない問題なのです。私は2024年の台湾総統選に向けて中国はあらゆる工作をしてくると思います。その結果、中国の意のままになる総統が誕生すれば平和的併合を追求すると思います。失敗すれば、そこで見切りをつけ軍事的併合に舵《かじ》を切るのではないか。その意味で2024年から習近平の3期目の任期が終わる2027年までが、危険な期間だと考えています。

**門田**　台湾が陥《お》とされると、日本は厳しいですね。

**河野**　厳しい。中国が西太平洋を自由に通行するためには、南西諸島だって自分たちの影響下に置きたい。だから、おそらく彼らは台湾の次は、沖縄も含めて南西諸島をどうするか、考えていると思います。したがって、安倍さんが言われたとおり、「台湾有事は日本有事」ということになる。では、中国の軍事侵攻に、台湾がどれだけ頑張れるか。やはりアメリカが介入しないとダメですね。

**門田**　中国が台湾の南の太平島などを取ったくらいではアメリカも出てこないと思うのですが、どの段階でアメリカが乗り出してくると見ていますか。

**河野**　上陸部隊を投入するのであれば、制海権、制空権を押さえなければいけないわけで、そこまで考えると、台湾を封鎖する作戦などを本気でやり出したら、アメリカは出て来ると思います。つまり、制海権、制空権を争う戦いで、アメリカは軍事介入するのではないですか。ウクライナとは異なり、米国も中長期的な中国との対立を想定していますので、私は必ず米国は介入すると思います。

**門田**　そうすると、台湾海峡で米軍機と中国機が空中戦を繰り広げるという事態が……。

**河野**　想定されると思います。

**門田**　戦闘機の性能が違うから、米軍のほうが強いですよね。

**河野**　そこがいまアメリカの一番懸念をしているところです。これまでは圧倒的に強かった。ところが、いまはけっこう中国のレベルが相当上がっている。アメリカのF-35に対抗できる第五世代戦闘機として中国のJ-20もバカにはできないレベルです。「アメリカは曖昧戦略を止めて、はっきりさせたほうがいい」という安倍さんの発言は、アメリカの軍事力が圧倒的に上だったら、「ひょっとしたら、やるかもしれんぞ」と言えば効いたけれど、軍事バランスがそうでなくなったら中国に足元を見られるのではないかということだと思います。

これは私の考えなのですが、現在の中国が米第7艦隊と戦う際に利用するであろう主要な武器は、地上発射型の中距離ミサイルです。「グアムキラー」「空母キラー」と呼ばれるミサイルで、約2000発持っているといわれている。これを使って、第一列島線と第二列島線の間で米艦隊を殲滅する計画があるといわれています。

では、アメリカが地上発射型の中距離ミサイルを何発持っているかというと、いまはゼロです。

**門田**　INF条約で全廃しましたからね。

**河野**　そうです。しかし、トランプ大統領が「ロシアはいかさまをやっている」ということで、INF条約を破棄したので、アメリカは研究開発を始め、まもなく配備をする可能性があって、前のエスパー国防長官がアジア配備を唱えたりしました。岸田総理が自民党の総裁になられた総裁選のときに、フジテレビの討論番組で、4候補が出て、アメリカの中距離ミサイルの日本配備について、どう考えるかを聞かれたことがあった。

**門田**　高市氏は「この中距離ミサイルは日本を守るために必ず必要だ。むしろ積極的にお願いしたい話だ」と述べましたね。岸田氏は「全く否定するものではない」と述べる一方で、「日本に対する具体的な提案を聞かずに賛成か反対かを言うのは控える」とした。

**河野**　野田氏は「前のめりの話、結論ありきの議論は極めて危険だ。抑止力の前にあるのは最善の外交だ。軍備の話から始める抑止力は考えられない」と表明し、河野太郎氏は「日本と米国の役割分担が決まらないうちに受け入れる、受け入れない、の議論をしても無意味だ。それは勇ましく『やれ、やれ』と言うような人が喜ぶだけで、日米と中国の安定につながる議論ではない」と指摘していましたね。この問題はいずれ、正式に判断を下す時がくると思います。

## 一気に中国への抑止力を高める策

**河野**　いまアメリカが懸念している軍事のアンバランスを、地上発射型中距離ミサイルの配備で埋めてくるはずです。核も搭載できる中距離ミサイルですが、アメリカ本土に置いても中国に届かない。当然、第一列島線沿いに配備ということになります。具体的には日本、フィリピンが候補ですが、いろいろなことを考えたら、アメリカは一番信頼できる日本に配備したいはずです。少なくとも、台湾問題でフィリピンはアメリカの計算外です。「米中の軍事バランスをとるために配備させて欲しい」と言ってきたときに、「はい、わかりました。あとはご勝手に」ではなく、日本式の核シェアリングを持ち出し、使用に関し日本の意思が入るような交渉をして受け入れるべきです。おそらくアメリカの意思のほうが強くなると思いますけれど、交渉の余地はあるのではないでしょうか。

**門田** しかし、先に述べたように去年の11月26日に出された安保3文章の中に「非核三原則の堅持」を入れ、岸田政権はそれを封じました。

**河野** そう、核シェアリングは、いまの段階では実現できない。

**門田** 繰り返しますが「核不拡散条約の遵守」だけでいいんですよ。それが世界の常識です。

**河野** 真正面から議論する段階に来ていると思います。

**門田** 国民の命を守るためにはどうしたらいいのか。それだけで考えたらシンプルです。

**河野** そもそも、中距離ミサイルの配備は戦略的に大きな意味があります。軍事力を増強している中国が、アメリカの軍事力を上回ったら、中国は台湾侵攻の誘惑にかられるのではないかと憂慮されるまでになっています。ところが、日本に核弾頭搭載可能な地上発射型中距離ミサイルを置くと、戦略地図が大逆転し、中国は震えあがるかもしれない。なぜならば、アメリカが日本に配備した中距離ミサイルは中国本土に届きますが、中国の中距離ミサイルはせいぜいグアムなんです。これは、ソ連のＩＮＦのＳＳ-20に対して、ヨーロッパにパーシング２と巡航ミサイルを配備したのと同じ状況です。中国にとって、腰を抜かすような驚天動地の戦略転換なんです。一気に中国に対する抑止力が高まり、核の問題についていて、中国は日本なんて眼中になかったけれど、さらに、核シェアリングで日本の意思が万が一にも入るとなったら、中国としては計算が複雑化する。これだけでも抑止効果が出ます。

だから、核弾頭搭載可能な地上発射型中距離ミサイルを日本に配備することで、中国は台湾にも手を出せなくなる、というのが私の分析です。原子力潜水艦に中距離ミサイルを搭載しても抑止力は高まると思いますが、地上発射型は目に見える抑止力なので効果はより高まります。

**門田**　一昨年の自民党総裁選で、「頭を下げてでも配備してもらいたいものです」と、高市議員だけが現実主義で明確に賛成しました。抑止力が高まり、中国が手を出さなくなるとわかっているわけです。だから、「安保３文書」などの「非核三原則の堅持」を「核不拡散条約の遵守」に変えてくれと、高市早苗大臣だけがねじ込んだ。しかし、被爆地出身の岸田首相には非核三原則への強い思いがありますから、これを突き崩せなかったのです。

**河野**　「非核三原則を厳守します」と言われてしまったら、核シェアリング論などもきっと議論もできないですね。何度も言うようですが、非核三原則は政策であり、憲法の条文でもなんでもない。「日本は唯一の被爆国なので、『持たず、作らず』という非核ということは大事にします。しかし、持ち込みはできるようにして、これからは非核二原則でいきます」と、政策を転換するだけでいいんです。核保有の議論はタブーなしでやればいいと思いますが、一気に核保有ではなくて、まずは日本に配備させる。そのかわり、日本が関与する。ドイツ、ベルギー、イタリア、オランダ、トルコがやっている核シェアリングの例があるわけですから。

**門田**　現実派の政権が仮にできたとして、それがＩＮＦを受け入れたら、どこに配備するか。河野さんの想定する場所はどこですか。

**河野**　米軍基地か自衛隊基地でしょうね。民有地はあまり考えられないです。

**門田**　米軍基地内にＩＮＦを配置し、万が一の有事の時には核の持ち込みを認めればいいわけですね。

**河野**　ただし、いつ使うか、使わないかについては、日本にも介入させろという条件を付ける。

**門田**　それは必須ですね。そうすると、やはり今回、非核三原則の遵守が盛り込まれたことは痛いですよ。

**河野**　核シェアリングの議論ができなくなりました。

**門田**　それを外そうとすると、親中政党の公明党が命を懸けて反対してくるし、自民党も8割が親中派ですから、とてもではないが、今後も見通しは厳しいですね。

**河野**　安倍さんの発言を見てもらったらわかりますが、核シェアリングをやれとは言っていないんです。核シェアリングを含めて議論すべき、タブーなしに議論すべきだと提起された。その発言の直後、昨年3月19日の「毎日新聞」の世論調査によれば57％が「議論すべき」に賛成でした。

**門田**　そうですよ。

**河野**　それがいま急速に、議論なしになってしまったでしょう。

**門田**　嫌になりますよね。

**河野**　やっぱり政治ですよ。安倍さんのように、リーダーシップのある政治家が問題提起をすれば、「そうだな」という国民が大勢出てくると思います。問題提起しないなら、国民だってわかりません。

門田　啞然とします。

河野　核保有の特権を得ているロシアが、核をもって非核国のウクライナを脅し上げた。いままでなかったことです。こんなことが横行しているのに、なぜそれをちゃんと検証しないのか。また、核戦争を考慮して、アメリカがウクライナへの軍事介入はしなかった。このような客観情勢を日本は冷静に分析すべきです。

## 習近平は経験を積んでない毛沢東

門田　それにしても、いまの世界に、習近平という男がいることは、ものすごく怖いわけです。先ほども言ったように「今までの中国の指導者とまったく違う」人物ですから。江沢民も胡錦濤も、きちんと任期を守って辞めましたが、習近平はそれさえしない。そして三選されました。また、ウイグルのジェノサイドは、2014年にウルムチの駅で爆破テロが起こって、彼が狙われたところから始まりました。自分に牙をむくようなやつは殺し尽くせと、ものすごい弾圧を始めたわけです。それが徹底したものであることは、ウイグルの書記に強硬派で〝血も涙もない〟と称された陳全国《ちんぜんこく》を起用した段階でわかりました。

河野　文革時代、習近平は放逐されているから、基礎的学力はおそらくないでしょう。

**門田**　清華大学もコネで入ったといわれていますね。

**河野**　なおかつ、副首相にまでなった父の習仲勲《ちゅうくん》は、文革で酷い目に遭っていますが、だからといって、毛沢東を恨んでいない。ここが不思議なところです。

**門田**　むしろ鄧小平を恨んでいます。おやじを引き上げて、自分が清華大学に入れるようにした鄧小平を逆にバカにしているのが理解できません。

**河野**　鄧小平の評価をどんどん下げて、改革開放にブレーキを掛け、中国を違うほうへ持っていこうとしている。

**門田**　完全に矛盾していますよね。

**河野**　彼の人間性は捩《ね》じれているように見えます。要は、親のようにはならんぞということでしょう。つまり、彼は親をいじめた毛沢東のような独裁者になりたい。おそらく毛沢東回帰なんですよ。

**門田**　そうですね。

**河野**　ダメだった親の二の舞にはならない、という人生観だと思うのですが、だから何かにつけて非道なところがある。もともとそういうタイプなのかもしれませんが、そういう人物が国家の指導者になっていることは、おっしゃったように非常に怖いですね。

習近平は去年の10月の党大会の人事を見てもわかるように、後継者を全然育成しようとしていない。ライバルとなる人材は全部追い落とした。毛沢東がそうでした。ナンバーツーになったら、劉少奇《りゅうしょうき》（一九五九年に国家主席に就任するが、文革で失脚した）、林彪《りんぴょう》（一九六九年に毛沢東の後継者に指名されたが、一九七一年にクーデターを計画して失敗、ソ連へ逃亡する飛行機が墜落して死亡したといわれる）、全部切った。

**門田**　本当に怖いですよね。

**河野**　結局、そのために、凡庸な華国鋒《かこくほう》が毛沢東の後継者になりました。「こいつだったら寝首を掻かない」と思ったのでしょう。

**門田**　「あなたがやれば（私は）安心だ」と（笑）。安心でも、実力がないから、いったん党主席にもなったけど、鄧小平に一発でやられてしまった。

**河野**　疑心暗鬼のところが毛沢東に似てきている。ただ、毛沢東は経験を積んでいるんだけれど、習近平は経験を積んでない毛沢東。だから、危険ですよ。

今回の人事では、単なる秘書だった李強をナンバー2にしたのも、異常です。李強は国務院の仕事をやっていない。ということは……。

**門田**　完全な「素人集団」です。

**河野**　そういうことですよね。経済をどうするかなんて、一切考えていないんじゃないですか。もう一つ、今回の人事で注目したのは中央軍事委員会です。中央軍事委員会の副主席は二人いて、一人が何衛東《かえいとう》、もう一人は張又侠《ちょうゆうきょう》です。張又侠は70歳を超えていて、普通なら引退なのに、続投させた。その理由として言われているのは、唯一の実戦経験者ということ。ただし、「実戦」は中越戦争（1979年2月から3月にかけて、中国がベトナムに侵攻した）ですが。

**門田**　中国がベトナムに事実上負けた戦《いくさ》ですね。

**河野**　それから、何衛東が中央委員候補・中央委員を飛ばして政治局委員に昇格し、制服組トップの中央軍事委員会副主席にも就きました。この何衛東は台湾対応の東部戦区の司令官を務め、台湾問題を扱ってきた。ペロシ議長訪台の直後の台湾に対するミサイル発射は彼が指揮している。これを引っ張り上げたのだから、台湾対応と見ていいと思います。

**門田**　福建省の人民解放軍第31集団軍も強化され、完全な「台湾侵略シフト」ですね。

**河野**　露骨に自分たちの「意図」をだしているので、要注意です。

## 胡耀邦と胡春華への期待は消えた

**門田**　講演などで「なぜ、中国にゴルバチョフが現れないのか」と質問を受けることがあります。そのとき私は「とっくに現れていました。皆さん、胡耀邦《こようほう》をご存じですか」と答えています。胡耀邦は中国の希望の星でした。

北戴河《ほくたいが》会議として知られる中国の実質的な最高会議がありますよね。夏に避暑地の北戴河に現役の執行部と長老が一堂に会して議論するものです。1980年代、〝八大元老〟と呼ばれた長老グループが、ここで絶大な力を発揮していました。発言力が大きかったのは、保守派の重鎮の陳雲です。総書記の胡耀邦はいつも陳雲に攻撃を受けていました。民主派の胡耀邦を陳雲は気に入らなかったからです。

鄧小平をうしろだてにする胡耀邦は何とか持ちこたえていましたが、日本との良好な関係を築く胡耀邦が陳雲は癪《しゃく》に障《さわ》るわけです。胡耀邦はチベットに行ったとき、弾圧であまりに悲惨な生活を余儀なくされているチベット人を見て、涙を流した唯一の中国の指導者です。民主派であると同時に人道主義者でした。独特の人柄で中曽根康弘首相とも親交を結んだ胡耀邦は、日本の経済的な力や技術力を高く評価し、日本の力をさらに借りようとする。しかし、当然、陳雲は日本との接近を嫌うわけです。中曽根首相が戦後政治の総決算として靖國参拝をしたときに、陳雲はここぞとばかりに胡耀邦を責めたてました。そのことが耳に入った中曽根首相は、以後、靖國参拝をやめ、胡耀邦を助けようとしたのは有名な話です。

陳雲よりずっと年下なのに胡耀邦がトップになれたのは、若くして「長征」に参加していたことも影響しています。長征は、国民党との国共内戦で追い詰められた毛沢東ら共産党が江西省の瑞金という地から陝西省の延安に至るまで、実に1万2千キロにわたって転戦し、共産党の中では偉業とされているものです。実際には国民党軍に追われ、逃走していたわけですが、この苦難の〝行軍〟に18歳で共産党に入党したばかりの胡耀邦が19歳で参加しているんです。

陳雲に責められても踏ん張れたのは、鄧小平がバックにいたことと、この経歴が影響しています。昭和50年代、私は大学生のときに中国に行き、その後、何度も各地を訪問しました。すでに毛沢東と周恩来が亡くなり、第一世代がだんだんいなくなっていましたね。このとき、欧米は本気で中国は民主主義的な方向にいくのではないかと期待していました。それは胡耀邦の存在に尽きます。彼なら、中国を民主化に導くだろうと考えていたのです。

**河野**　しかし、結局、１９８７年に総書記辞任に追いこまれてしまった。

**門田**　そうです。これが大きかったです。胡耀邦は、のちにソ連に出てくるゴルバチョフのような改革派でしたから。中曽根さんは非常に残念がりましたね。中曽根さんはレーガンともそうだったけど、胡耀邦とも肝胆相照らす仲になったし、全斗煥ともそうだった。現役の首相のときには、どうも好きになれない宰相でしたが、あとになって「中曽根さんは結構すごい人だったんだな」と思うようになりました。安倍さんに近い政治家としたら、中曽根さんぐらいでしょうか。

**河野**　二人とも大勲位ですからね。

**門田**　総書記を辞任した胡耀邦でしたが、中国人は、胡耀邦の復活を期待していたし、実際、その可能性がありました。ところが胡耀邦は1989年4月に亡くなってしまいます。演説中に倒れ、そのまま息を引き取ったのです。心筋梗塞でした。まだ73歳。ずっと年上の陳雲や鄧小平が先に死ねば、胡耀邦が同じ民主派の趙紫陽とがっちり組んで民主化を進めるだろう——そんな中国人の夢が突然、消えました。民衆の失望は大きかったですね。特に大学生には「これで民主主義への道、自由への道が終わる」という悲壮感が漂いました。胡耀邦の死をきっかけに彼らは天安門広場に集まり、六・四事件（天安門事件）に突き進んでいったのはご承知のとおりです。

私は胡耀邦が死ぬ前月の1989年3月にも中国に行っています。そのときに、これはまずいなと思ったのは、中国の拝金主義が急速に進み、モラルが崩壊しつつあったことです。人間社会というより「動物の社会」ですよ。人民同士がいがみ合い、殺伐としていました。人間は動物の社会にはいられませんよね。どうしても人間社会に戻りたくなる。そのときのエネルギーといったら、すさまじいですよ。それらがすべて天安門事件で〝爆発〟しました。そして、中国共産党はこれを徹底的に弾圧し、もはや、あと戻りできなくなるのです。

２０２２年10月、習近平の異例の三期目に突入した第二十回共産党で胡春華《こしゅんか》（元副首相）ら共青団派が一掃されましたよね。中国の人々が落胆したのは、期待の胡春華がいなくなったことです。胡春華には、胡耀邦に対するような期待があったんです。小学生の頃、靴も買ってもらえないような子だくさんの極貧の農家の男の子から這い上がって、飛び級で北京大学に進んだ男です。頭がいいだけでなく、人柄もいい胡春華なら、全世界を敵に回した習近平とはまったく違う路線をとってくれるのではないかという期待があったわけです。しかし、昨年の党大会で失脚し、政治局常務委員にも入らなかった。もう、最後の望みもなくなり、希望は断たれてしまったのです。

## 習近平体制とクーデターの可能性

**河野**　ただ、習近平の独裁強化で、共産主義社会はガタついてくるはずだという見方があります。少なくとも下級の部下たちは人民の意向というのは汲み取っていたが、独裁が強くなればなるほど、この人たちは上のほうを見て、人民の意向を吸い取らなくなる。今回のゼロコロナをめぐる騒動もそうですけれど、だからガタついてくるはずだと。なるほどなと思いました。

**門田**　いやいや、あの国はもともと一党独裁の特殊な国です。人民解放軍200万、武警（人民武装警察）150万の「計350万」を押さえておけば、政権がひっくり返ることはない。軍事委員会が軍を完全に掌握し、直接、習近平が幹部を任命している以上、クーデターの可能性は極めて低いですね。

**河野**　軍隊に共産党の正式な政治委員が入っていますからね。

**門田**　ということは、どこでどんな抗議が上がっても、最後は弾圧、そして殺すようになるわけです。今回の「白紙革命」で最初に出てきた南京の女の子がどうなっているか、いまだに明らかでないですよね。女の子だから、助かっているのではないかという希望もありますが、その後、白紙革命に参加した若者が次々姿を消していることを考えると心配です。中国では、政権に対する抗議は「死ぬ覚悟」がないとできません。

胡耀邦時代だったら、自由と人権がある程度認められていましたが、今は皆無です。中国共産党はもうあと戻りできないんです。弾圧しつづけなければ、自分たちの政権が倒されることは「死」を意味する。これまでにやったことがひどすぎるので、「政権から下りる」イコール「民衆に殺される」ということなんです。ルーマニアのチャウシェスクの運命を見ればわかります。それほど恨みがすごいものになっているんです。

**河野**　なるほど。

**門田**　1989年の六・四天安門事件のときは、広東省長だった葉剣英《ようけんえい》の息子の葉選平《ようせんぺい》が広州軍区を率いて寝返るのではないかという情報が飛び交って、世界中のジャーナリズムが注目しました。

**河野**　広州軍区がクーデターを起こすということですか。

**門田**　辛亥革命も広東からスタートしましたが、広東は「革命の聖地」ですよね。北京から遠く離れ、言葉も広東語ですからまるで違う。あそこには独特の空気があります。北京政府が人民を殺害する、つまり、やってはいけないことに手をつけるなら、党中央の方針に従わないんじゃないかと言われ、実際に国際社会にそんな情報が飛び交ったんです。

しかし、いまは広州軍区が習近平に歯向かうなんてことは、全く考えられない。完全に掌握されている。習近平を止めるには、暗殺以外にもはや手段はないでしょうね。実際、習近平本人が異常なまでに暗殺を警戒しています。

毛沢東ですら、大躍進の後、劉少奇、鄧小平コンビに一度は追い落とされましたが、そのぐらいの力が毛沢東一派以外にもあったわけです。権力闘争に勝つために、毛沢東は文化大革命を発動して権力を取り返し、ナンバーツーを林彪にしたら、今度は林彪が軍事クーデターを画策した。

しかし、いまは習近平が、軍も武警もすべて押さえ込み、ナンバーツーさえいない。やりようがないんです。いくら白紙革命といっても、コロナのゼロ政策を変えるぐらいのことはしても、大勢に影響はないのです。

## 2017年は戦争寸前だった

**河野**　中国の脅威も深刻さを近年増していますが、「北朝鮮の脅威」も深刻ですよね。2017年にアメリカと北朝鮮が一触即発状態になりました。私もある時点で朝鮮半島で戦端が開かれるかも知れないと真剣に考えていました。

それを見越してか、2017年の10月に、安倍総理が解散・総選挙に打って出ました。そのときの解散理由は、第一が消費税の使い方を変更するので信を問う。でも、小池百合子さんの「希望の党」が一時席巻している状況なのに、そんなことで解散に打って出るだろうかと思いましたが、2番目の理由として挙げられたのが北朝鮮問題。私は、「これは北朝鮮解散だ」と受け止めたんです。北朝鮮をめぐる情勢が危機的になったときに備えて、自国の体制を固めておかないといけない。だから、希望の党のことがあったけれど、一か八かでやったのでしょう。安倍さんにはそのあたりのことは確認していませんが、私は身近に見ていて、そう感じました。

**門田**　いま、あのときの危機感をみんな忘れているんです。

**河野**　当時、私は統合幕僚長でしたが、自衛隊に46年間いて、一番戦争を身近に感じたのが２０１７年でした。ある時点では戦争が７割近くの確率で起こる、と本当に思いました。事実、９月の国連総会で、トランプ大統領が「米国は強大な力と忍耐力を持ち合わせているが、米国自身、もしくは米国の同盟国を守る必要に迫られた場合、北朝鮮を完全に破壊する以外の選択肢はなくなる」と批判し、補佐官だったジョン・ボルトンは著書（『ジョン・ボルトン回顧録』朝日新聞出版）に「２０１７年は戦争寸前だった」と書いています。

**門田**　河野さんが「戦争が７割の確率で起こる」とまで思っていたというのがすごいですよね。そのトランプが翌年（２０１８年６月）になると、いきなりシンガポールでの会談に持ち込み、金正恩と握手している。さすが、という感じでした。

**河野**　「金正恩と首脳会談、おもしろいじゃないか」という感じですからね。ボルトンが腰抜かしたわけです。２０１８年の正月に、金正恩が話し合いをしたいと言ったら、誰も頼んでいないのに、韓国の文在寅大統領が「喜んで、私が仲介します」と出てきたんですが、そのとき、「金正恩は非核化の意思があります」とトランプにうそを言っている。

**門田**　韓国の歴代大統領は、軽々とうそを言いますから。

**河野**　それでトランプは飛びついた。北朝鮮の非核化を実現させたら、自分の再選は間違いないし、ノーベル平和賞も転がり込んでくると思ったのではないですか。米朝会談は結局、決裂した。すると、トランプ大統領は急速に北朝鮮に対する興味がなくなって、「米韓演習はやめろ」とか「短距離ミサイルなら問題ない」とか言いだした。

**門田**　前章で触れたように、安倍さんの「助言」があってのトランプです。二〇二四年の大統領選挙に出馬して、もし勝った場合、安倍さんがいない中で、トランプが国際社会に出てどういう風にやっていけるのか、心配です。

**河野**　同感です。

**門田**　手綱を引き締める安倍さんがいなければ、やっぱりトランプは怖いですよ。民主党政権よりははるかにいいですが、もし返り咲いたらヘンな決断をしないよう祈ります。

**河野**　私は統合幕僚長を辞めていましたが、米朝会談が決裂した後が「要注意だ」と言っていたら、案の定、北朝鮮はミサイルを撃ち出した。日本の真上には飛んでこなかったものの、日本海に向けて、短距離ミサイルをそれ以降も何発も撃っています。その中には変則軌道のものもありました。そのとき、トランプ大統領は「短距離ミサイルはどこの国でも撃っている。問題はない」などと言ったりもした。発言の振れ幅が大きすぎます。

**門田**　安倍なきトランプの怖さですね。共和党のテキサス州知事のデサンティスのほうが、まだいいのではないという声もありますね。

**河野**　私もデサンティスのほうがいいと思います。移民を副大統領の公邸に送りつけるとか、やることがけっこうトランプ的ですが、頭のいい人のように思います。

**門田**　〝賢いトランプ〟であるデサンティス、それから国務長官をやったポンペオ、このあたりが共和党の大統領候補になって欲しい。

## 金正恩の核開発は止まらない

**河野**　いま、金正恩がしゃかりきになって核開発をさらに進めようとしています。私が思うに、米朝会談の失敗から、「あの時は中途半端な核保有しかしていなかったから、アメリカを譲歩させられなかった」という教訓を、彼は引き出したのではないか。去年あたりから、5カ年計画でＩＣＢＭ、ＳＬＢＭの実験を頻繁にやっていますが、これを達成するまではアメリカとは協議しないでしょう。やったところで、結果は同じだから。戦略核兵器も所有して完全な一人前の核保有国になって、アメリカを交渉の場にまた引っ張り出し、経済制裁を取り払い、金正恩体制を保証させ核保有国として認めさせるつもりでしょう。だから、今後も核実験、ミサイル発射は止まらないでしょうね。

**門田**　金正恩が金正日のあとを継いだ時、彼はスイスに留学していたから、民主主義を知っている、まともな感覚があると、みんな期待したでしょう。

**河野**　そう言う人は大勢いましたね。でも、異母兄（金正男）や義理の叔父（張成沢）を惨殺したりした。

**門田**　おやじの金正日よりひどい。西側で暮らした人間が、なぜ、こうなるのか。河野さんはそのへんをどう分析されていますか。

**河野**　持って生まれた性質なんですかね。金正日の葬列に並んで立っていた側近の人たちが粛清され、いまは全員いなくなりました。

スイスにいたというけれど、確か北朝鮮大使館が面倒を見て、妹などと一緒に生活していたのでしょう。だから、留学したからといっても、普通の「自由にやってください」という話ではないと思いますよ。

**門田**　学友から、小ばかにされていたともいわれていますね。

**河野**　おそらく劣等感のようなものを味わっただろうし、スイス留学で逆に西側に対する敵愾心が増したのかもしれません。

それにしても、あれほどの規模の国の私物化がよくできるものだと思います。ミサイルの発射場に自分の娘を連れていくなど、公私混同も甚だしいじゃないですか。

**門田**　それだけ恐怖政治がすごいわけです。金日成のときから密告社会が成立し、それをさらに強化している。嫌な国です。

金日成と言えば、『週刊新潮』で「金日成は贋者《ニセモノ》という証拠」という特集記事の企画を出して、記事を書いたことがあります。「金日成」というのは「名跡」みたいなもので㈶、4代ぐらいある。初代の金日成の金光瑞は陸士23期、根本博さんと同期でした。それから、「普天堡《ふてんぼ》襲撃」で革命的英雄とされた金日成がいます。この事件は、単に匪賊が普天堡村の警官2人を殺して逃げていっただけなのですが、北朝鮮では壁画になっているほどの英雄的出来事です。この普天堡襲撃の金日成は金一星という男です。

一九四五年に平壌の公設運動場に現れた金日成、つまり北朝鮮を建国した金日成は、ソ連のプヤツークというところで、遊撃隊の隊長としてソ連が訓練をさせていた男です。これが、金正恩の祖父である金日成です。

**河野**　それを見た人たちは、「なんだ、この若造は」という感じだったのでしょう。

**門田**　そうです。30代でしたから、金光瑞を知っている人間は「若すぎる」と思い、また、金一星に普天堡の地図を渡した人間もいて、自分が地図を渡した金日成と違っていたので、「こいつ何者？」と思ったのです。

私は1990年代初めに『金日成は四人いた——北朝鮮のウソは、すべてここから始まっている！』（成甲書房）を書いた成均館大学教授の李命英さんや、普天堡の地図を金日成に渡した人にインタビューした朴甲東さんからも、そのときの模様などを詳しくお聞きしました。それで「金日成は贋者という証拠」という記事を書いたのですが、けっこうな反響がありましたね。いま〝建国の父〟と言われている金日成がもともとうそなのです。そこから金正日になり、金正恩になって、その間、粛清、粛清です。一番最初にやられたのが、南朝鮮労働党派、次がソ連派、最後に中国派がやられて、金日成の権力が確立し、今日に至っているわけです。

## 悪しき「独断専行」でリーダー失格——石破茂・福田康夫

**門田**　ともあれ、金日成は複数の人間が次々となり代わって「襲名」したわけですが、一人のリーダーが「いまひとつ」から「すごい」と変わることがあります。例えば、ウクライナ大統領のゼレンスキー。最初は対露強硬派でもなんでもなくて、むしろ融和派だったから、ウクライナの現実派はあまり信頼をしていなかった。しかし、２０２２年２月24日にロシアがウクライナに侵攻したときからのゼレンスキーはすごい。２月24日に二つの決断をおこない、それが世界の歴史を変えたんです。一つは自分の命を捨てる。二つ目は18歳から60歳までの男性の出国を禁止した。

どこかの英字紙だったと思うけれど、「神の啓示があった」とインタビューにありました。ロシア軍が迫ってきている中で、キーウにいて全軍を指揮するという決断は「命を捨てた」わけです。それに呼応したウクライナの人々が25日、26日、27日と踏ん張った。この3日間の抵抗を生んだのがあの決断です。

そうすると、27日の朝から、ドイツはショルツ首相が議会を招集し、ロシア非難のほうに入っていく。煮え切らない態度をとっていたドイツ政府が変わったのは、それまでの3日間に、ドイツの都市という都市で反露デモが起こったからです。反露デモは世界中で起こり、東京や大阪でもありました。それによって、2月27日から大きく世界が変わっていった。ゼレンスキーの2月24日の命を捨てる決断が「世界を救った」のだと思います。

**河野**　ゼレンスキーがウクライナ戦争を逆転させたのは、キーウを離れなかったことが決定的だった。これはリーダーがいるべきところにいないとダメということです。アフガニスタンのガニ大統領はタリバンに押し込まれたらＵＡＥに逃げ、政府軍は瓦解。軍というのはそういうものです。指揮官が逃げたら、軍はあっという間に瓦解します。

**門田**　自衛隊には、そんな心配はないですか。

**河野**　リーダーがいるべきところにいなかった、ということはなきにしもあらずです。例えば、イージス艦の「あたご」と漁船の「清徳丸」が衝突して、残念ながら漁船の親子2人の方が亡くなった事件（2008年2月19日午前4時7分頃）がありました。あのときに対応がまずくて、海幕の防衛部長だった私も含めて大量の処分者を出しました。それは「平成の大獄」といわれました。

この事故が報道されると、事実関係が不明だった時から「自衛隊が悪い」の大合唱になったんです。

**門田**　未明の事故発生ということもありましたが、石破大臣が夜中、所在不明で、すぐに連絡が取れなかった。何時間か経ってやっと連絡できたら、即、「自衛隊が悪い」「悪いから謝ることにする」と独断専行が始まりました。

**河野**　もちろん、ご遺族がお気の毒なのはわれわれの思いも同じです。しかし、事故原因の究明については、客観的かつ冷静に判断すべきことです。でも、まだ事故原因についいては決着がついていないのに、こちらが悪いと断定されたら、下々の者は立つ瀬がありません。石破大臣はもちろんですが、福田康夫総理もご遺族の自宅に出向き謝罪し、国会で「海上自衛隊は本当に情けない」とまで答弁されています。

**門田**　なによりも大事なのは事実の掌握です。その点を首相も大臣もおろそかにしてしまった。危機管理の対応として最悪でした。

**河野**　後の裁判で、自衛隊のほうが正しかったという結論が出ました。起訴された「あたご」の航海長、水雷長は無罪でしたし「回避義務は清徳丸側にあり、あたご側に回避義務はなかった」と地裁でも判断され、高裁でも無罪となり、検察は上告を断念して判決が確定しています。

**門田**　そこなんです。だから、石破大臣は防衛省の制服組から蛇蝎《だかつ》のごとく嫌われている。

**河野**　私が海上幕僚長の時に、輸送艦「おおすみ」とプレジャーボートが衝突しプレジャーボートに乗っていた2名の方が亡くなるという事故がありました。私は小野寺大臣とともに葬儀に参列したのですが、ご遺族にはおくやみは申し上げましたが、事故原因は今後の捜査を待ちたいと述べ、その時点では謝罪はしませんでした。

ここは心しないといけないのですが、危機対応の時は相手は「世間様」です。「世間様」はナンバーツーが実力者であろうが、そんなことは関係ない。「世間様」が相手にするのは組織のトップです。

トップにしかできない仕事というものがあるということです。私自身の例を挙げますと、「たちかぜ」という艦でいじめ事件があり、いじめられた自衛官が自殺しました。海上自衛隊側がいじめを認めず、遺族との間で10年ぐらい裁判をやって負けた。決着がついた当時、私が海上幕僚長だったから、私が一人で謝罪に行きました。こういうことはトップが行かないとダメ。ナンバーツーが行っても意味がありません。

## 霞ヶ関のエリート官僚は、何が問題なのか

**門田**　周りが見えなくなって、一点だけにとらわれる人は、エリートに多い。今も昔も、そういうエリートが「日本を滅ぼす」のです。

たとえば、「大本営」の話をするとわかりやすい。戦争になるとできるのが大本営ですよね。平時にはありませんからね。さきの大戦のときもできました。エリート軍人およそ二百人が集められ、大本営ができたわけです。そして、そのなかでもさらにエリートが選りすぐられ、10分の1、およそ20人で「作戦部」がつくられました。しかし、このエリート中のエリートが作成した作戦はどうでしたか。ことごとく失敗していきます。なぜ、エリート中のエリートは駄目なのか。陸軍なら陸士、陸大、海軍なら海兵、海大で、彼らはずっと首席をはじめ、上位で来た連中です。学校の成績がよかったというだけで、「万能感」に満ちている。だから、人を駒としてしか見ることができない。

万能感に満ちているのは今の官僚も同じです。小さいときから、いい子、いい子で育てられ、けんかをしたこともなく、学校の成績がいいだけの秀才クンが「俺は選ばれた人間

なんだ」と万能感に満ちたまま官僚になり、途中から政治家になって、政治を支配したつもりになっている。だから、財務省のあり得ない政策も出てくるし、それを簡単に支持してしまう。

何度でも指摘しますが、現実に四半世紀も日本経済は低迷していますよね。21世紀に入って2017年時点で、日本はGDPの伸び率でワースト5中の4位ですよ。ワーストは1位からリビア、ソマリア、シリア、日本、ガンビアです。他はすべて〝内戦中〟の国ですよ。なぜ、日本がここまで低迷しているのか。日本人は働かない人が多いからか。違います。日本人はアル中が多いのか。違います。日本人にはヤク中が多いのか。違います。日本人は長時間の労働に耐えられないのか。違います。世界で一番、質の高い労働力を持っており、こつこつと働くのは日本人です。20世紀の奇跡といわれた「高度経済成長」をつくり上げたのが日本人です。

その民族がGDPの伸び率ワースト5に入っているのは、財政政策、経済政策を間違えて国民負担率が世界一となり、消費に決定的な打撃を与えて国民自身の可処分所得がほとんどなくなってきたからですよ。しかし、それでも増税しようというのが、岸田政権です。外国では、日本の低迷の原因の研究が博士課程のテーマになっています。日本がどこを間違えたのかを研究すれば、自分たちの経済政策、財政運営で「これをやらなければいい」

というのが分かるということで、研究対象になってきているのです。

**河野**　外国へ行ったら、朝食で2000円、3000円かかります。どこもそうです。日本だけ、1997年から変わっていない。最近、インフレになってきて値上げされるようにはなりましたが、それでも「安いニッポン」が世界に知られるようになった。

**門田**　国家を誤らせないためには、岸信介や安倍晋三のように、きちんとした現実主義のリーダーを国民が選ぶことが大事です。そうでないと、霞が関の万能感に満ちた官僚にやられて滅ぼされてしまうのです。

## リーダーの顔は何を語るのか

**門田**　河野さんが本書の冒頭で言われた、「目標を明確に示す」「その目標を達成する強い意志を持つ」「結果に対して責任を取る」というリーダーの条件3つを備えている高市早苗という政治家が、2021年の自民党総裁選で立候補しました。一般国民にはそれまではあまり知られていなかったかもしれませんが、極めて現実論を展開する女性政治家だということで一気に人気が出ました。

**河野**　それにプラスして、安倍さんがいたことでしょう。高市さんは国会議員票でも2位になりましたね。

**門田**　岸田（146）についで114票を獲得し、河野太郎の86票をはるかに上回りました。

**河野**　そういう意味でも、安倍さんの力が大きかったんでしょう。安倍さんのいない高市さんがどれだけ力を発揮するかは、これからの問題だと思います。

**門田**　そうなんですよ。名実ともに安倍派になったとき、安倍さんが高市さんを派閥に戻そうとしたら、幹部たちが猛反対した。誰だって、自分の上に総裁候補が来られたら嫌なのはわかります。しかし、あそこで派閥に戻しておいたら、いろいろな局面が変わってきたと思うので残念です。

河野太郎は、対中姿勢にしても、靖國参拝にしても、国の守りにしても、移民政策、女系天皇、原発政策その他にしても、ことごとく考えが〝あっち〟に行ってしまっている。

**河野**　防衛大臣時代のイージス・アショア廃止の決定は、その理由も含めていまでも納得できません。

**門田**　あれもひどかったですね。独断専行の極みです。彼はいきなり、バッバッと切っていく。万が一にでも、国家の領袖でもなったら、本当に怖いですよ。

**河野**　コストカッターとして注目されましたが、戦略が見えませんでした。

**門田**　まさにそのとおりです。簡単にいえば、日本破壊ですよね。ファミリー企業の「日本端子」が特別扱いで中国に進出し、営業させてもらっていますから、中国と対峙することもできない。そんな人物が、新聞の世論調査で〝ポスト岸田〟で一番人気というのですから驚きです。にわかに信じ難いですが……。

**河野**　一般論として、つくづく思うのですけど、顔は大事ですね。自分のことはさておき、男前とかそういうことではなくて、醸し出す雰囲気とか、年輪とか、知性とか、腹が据わってるとか。そういったものは、やっぱり顔に出ます。リーダーとして育ってきた人は、経済界の人もそれ相応の顔ができる。

**門田**　同感です。リーダーは「顔が大事」というのも真理です。

**河野**　冒頭のリーダーの3条件にそれも加える必要がありますか（笑）。

## ノイジーマイノリティの洗脳から脱する

**門田**　国民が変な方向に行っていることに一刻も早く気がつき、先ほど指摘したように、現実主義のリーダーを選ぶことが、いま必要です。数としては1割に満たないかもしれないけど、東京新聞、朝日新聞、毎日新聞、NHK、それからイーロン・マスクのおかげで改善されましたがツイッターなどによって、これまでは言論空間では、ノイジーマイノリティの影響力が圧倒的だった。そこをクリアしないといけない。

統一教会問題でもそうです。私は、安倍さんは〝ズブズブ〟どころか「統一教会の天敵だった」と証拠を挙げて言い続けましたが、私への激しい攻撃はやみませんでしたね。

**河野**　安倍さんと統一教会の関係で、袋叩きにされたのですね。

**門田**　どうしても安倍さんを統一教会とズブズブだとしたい連中から、猛攻撃を受けましたね。安倍さんは統一教会関係者と写真を撮り、秘書などが会合に行ったりしている。だから、ズブズブの関係と言うなら、消費者裁判手続特例法、消費者契約法改正のような統一教会の致命傷になる法案を、なぜ「闇法」で出したんですか。ズブズブなら、そんな統一教会の致命傷になる法律を出す理由を教えて欲しいですよ。

政治家は国民を「思想、信条」、そして「宗教、宗派」で差別してはならないのは基本中の基本です。それは憲法にも明記されている。だから、政治家は合法である限り、どんな組織、どんな企業、どんな団体から呼ばれても、政策を訴えに来ますよ。宗教団体も同じです。創価学会だから行かない、立正佼成会だから行かない、統一教会だから行かない、とはならないのです。

**河野**　それはそうです。相手は日本国民なんですから。

**門田**　霊感商法が真っ盛りで、刑事・民事でいろいろ問題が噴出していた頃ならともかく、被害額が最盛期の二百分の一以下になっている宗教団体に呼ばれて行かなかったら、逆に宗教差別として糾弾されます。

だから政治家は、神社本庁にも、霊波之光にも、生長の家にも、どこにだって行くわけです。自分の政策を訴えるのが政治家の仕事ですからね。

それを旧統一教会だけを引っ張り出して、連日報道したために、旧統一教会だけに行っているのかと、情弱の国民が洗脳されてしまったのです。そんなマスコミの手法はとうにわかっているのだから、これに騙されるほうが悪いと私は思っています。「空が青いのも、ポストが赤いのも、すべて〝安倍のせいだ〟というアベガーに、なんで騙されているの？」「どうして、疑問に思わないの？」と、ことあるごとに話しています。

**河野**　はっきり言って異常でしたね。安倍さんを殺した山上徹也容疑者を英雄扱いする向きもあったのですから。

**門田**　まるでテロ容認国家です。

安倍さんを擁護するようなことを言ったからといって、太鼓持ちではありません。批判すべき所は批判しています。前に述べたように消費増税やコロナ対策をはじめ、かなり手厳しく批判しました。『疫病２０２０』を読み返したら「これは安倍さんが怒るはずだ」と納得しました（笑）。

**河野**　ただコロナの立ち上がりは、やっぱりまずかった。ダイヤモンドプリンセス号の件にしても、厚労省の役人は背広で乗り込み、自衛隊は防護服で行った。すると、「そんな格好だと乗客が不安を覚えるからやめてくれ」と厚労省のお役人が言ったと聞きました。これが本当なら、危機意識が希薄だったと言わざるを得ません。

**門田**　自衛隊は有事発生の対応でしたね。だから自衛隊関係者でコロナに感染する者は皆無でした。見事だったと思います。

**河野**　当たり前です。ある意味の生物化学戦だったんですから。

**門田**　前にも指摘しましたが、２０２０年２月の上旬から中旬にかけて、加藤勝信大臣を更迭し、自衛隊出身の佐藤正久さんを厚労大臣にせよと、私は主張しました。あのときに、生物兵器と同じように対応するという感覚を持っていたのは自民党の国会議員では佐藤さんだけでした。

## 「将来を託せる明日のリーダー」といえば……

**河野**　そうでしたね。ともあれ、戦前戦中戦後の日本の政治家や軍人を中心に、そのリーダーシップの明暗についていろいろと議論をさせていただきました。立派なリーダーもいれば、暗愚の人もいた。これからの日本の将来を託すことのできるリーダーへの期待ももっと述べたかったのですが……。

**門田**　高市議員とか若干の名前しかでてこなかったですね（苦笑）。私は岸田増税路線と戦う萩生田光一氏も高く評価しています。菅義偉前総理が岸田批判に舵《かじ》を切りましたが、菅さんを支持する勢力は菅グループ、二階派、森山派、安倍派などがいます。あわせると180人で主流派の150人を上まわるんですよ。

しかし、菅さんは絶対に再び総理・総裁になることを固辞するでしょう。すると、最後に「萩生田氏なら……」と言う可能性があります。萩生田さんはいま言った派閥のボスともすべて親しいし、河野太郎を菅さんが言うなら九十数人の最大派閥の安倍派が脱落するわけですから、それは言えない。だから、萩生田さんは可能性があるんですよ。現実政治家として「次」の有力候補ですよね。

先に述べたように2022年7月8日の「安倍元首相銃で撃たれる」「心肺停止の状態か」とのテロップが流れた段階で、「日本が終わった」と私は真っ先に思いました。しかし、このまま日本が崩れていくわけにはまいりません。優れたリーダーの「3条件」に合う政治家に是非、出てきてほしいのです。

**河野**　同感です。日本という国家はまだ続きます。日本国のために、我々がやるべきことはたくさんあります。まずは、日本国を率いるリーダーたちの台頭を期待したい。本書が、そうした明日のリーダー育成のために役立てば幸いです。

# おわりに　戦没者への哀悼の念が深かった稀有なリーダーに仕えて……

昨年2月13日に安倍晋三元総理とゴルフをご一緒する機会があった。その時の記念写真は、私の自宅の書斎に今でも飾っている。

当日はあいにく雨が降ってきたのでハーフで終了して、風呂に入ってゆっくり食事でもしましょうということになった。たまたま湯舟で2人きりになったので「今でも警備の関係でゴルフをするのもままならないんじゃないですか」とお尋ねしたら「総理をやめた後はそうでもないんだ。割と自由に出てこられるんだよ」と言われた。こちらも「へぇー、そうなんですか」と返した。何気ない会話だったはずが、その5カ月後に安倍元総理は、凶弾に倒れられることになった。この世は何とも諸行無常である。ゴルフの後5月にBSフジテレビの「プライムニュース」でご一緒したが、それが安倍元総理に直接お会いした最後となった。私は海上幕僚長、統合幕僚長を通じて6年半近く安倍元総理にお仕えしたが、もとより仕事上でのお付き合いで、プライベートなものはなかったが、これからは、プライベートでお付き合いできればと思っていた矢先の出来事だった。私も安倍元総理も昭和29年生まれの同学年だったため、勝手に親近感を抱かせて頂いた。

海上幕僚長時代の２０１３年４月に総理に返り咲かれた安倍さんが硫黄島を視察されることになった。その時の印象は鮮烈だった。硫黄島はご承知のとおり、栗林忠道《ただみち》中将率いる日本軍が米軍と死闘を演じたところである。今でも遺骨収集が行われており、その状況を視察するのが目的だった。硫黄島は海上自衛隊が管理しているため、私が安倍総理をお迎えした。視察を終えられ、航空機に向かわれる途中で、安倍総理は突然滑走路上でひざまずかれて、頭を垂れ、手を合わされ、そして、その後滑走路を手でなでられたのである。

私としては恥ずかしながら、全く予期していなかったので、どのように対応していいか分からず、中腰で、安倍総理を上からのぞき込むという、何ともみっともないことになってしまった。

硫黄島滑走路にて

安倍総理はなぜこのような行動をとられたのか？　それは滑走路の下に多くのご遺骨がそのままあることをよくご存知だったからである。当然、総理には総理番の記者が同行していたが、同行記者は次の視察地である父島に先行しており、その時は硫黄島に同行記者は誰もいなかった。したがって、安倍総理の行動はパフォーマンスでも何でもなかった。心からの行動だった。この安倍総理のお姿を見て、この方は戦没者に対する哀悼の念がとても深い方だと感銘した。

たまたま、自衛隊のカメラマンがその際の写真を撮っていてくれたので、私は自分の宝として個人的に持っていた。しかし、このような結果となり、少しでも安倍元総理の真の姿を紹介しようと思い、また、今となっては安倍総理にも許しを頂けると思い、各方面にこのことを紹介している。その意味で靖國参拝は、安倍元総理にとっては政治ではなく、純粋に心の問題だったと私は確信している。

このエピソードを改めて紹介したのは、戦没者への哀悼の念を持つということは、歴史を深く理解し、歴史に謙虚に向き合うということだからだ。つまり、深い世界観、歴史観を持つためには、ここを外してはならない。これこそが日本を含め世界の優れたリーダーが持つべき根底の資質だと思うのである。優れたリーダーは、ハウ・ツー論、テクニカル論を身につければなれるものではない。そのような薄っぺらなリーダーはすぐにメッキがはがれる。

今回、幸運にも機会を得て、門田隆将さんとリーダー論を中心に幅広い議論を展開することができた。門田さんは「週刊新潮」を中心に経験を積まれたのち独立され、著名な作家、ジャーナリストとして大活躍されていることは言うまでもないだろう。対談していて特に感銘したのは、その知識の豊富さ、博識と分析の鋭さである。これはこれまで、ジャーナリストとして何が事実かを徹底して追い求めた結果だと思う。その姿勢には脱帽するばかりである。私と門田さんは歩んできた人生はまったく別であったが、この対談を通じて人生が交差し、目指している方向が同じであることが確認できた。これは私にとって貴重な財産である。

ここで、本文でも述べているが、安全保障を考える上での私の視座について述べてみたい。

第一は、日本の民主主義をそろそろ信頼すべきなのではないかということである。今回の安保3文書の策定に当たり、反撃能力の保有が議論になった。反撃能力というものの、要は敵領土を攻撃できる能力をもつということである。これを持てば先制攻撃になるのではないか、あるいは「専守防衛」に反するのではないか等の反対論が必ず出てくる。そして、反撃能力を持てば必ず使うことになり、「専守防衛」のタガが外れ、行き着くところまで行ってしまうという議論が往々にしてされることがある。当初、自衛隊を海外に派遣すれば、明日から軍国主義になるという議論があった。平和安全法制の時もそうである。いわゆる「いつか来た道」「蟻の一穴」「軍靴の足音が聞こえる」といった具合だ。

たしかに、反撃能力を行使すれば当然、戦争のエスカレーションという政治的リスクも生じる。その際に政治的リスクを超える損害が予想されるのであれば攻撃するだろうし、政治的リスクが看過できないのであれば攻撃をしない場合もあり得る。これは軍事的な補佐を受けて政治が判断しなければならないことだ。ことほど政治の責任は重いということである。これがシビリアン・コントロールである。しかし、攻撃手段を持たなければお手上げということになる。福島原発事故の際よく言われた「想定外」ということだ。

よく「政治家は信用できない」「戦争指導できる政治家がどこにいるんだ」ということをいう人が結構いる。政治家自身が言う場合もある。こうなればもはや何をか言わんやである。ならばいつになったら、そんな政治家が現れるというのか。現れないので物騒な装備は自衛隊には、はなから持たせるなでは、国民を人質に差し出すことと同じではないか。全く本末転倒である。戦前は、軍の指揮命令権である統帥権は独立しており、総理大臣でさえ直接の口出しは許されなかった。しかも「超然内閣」の場合、総理大臣は国民の代表とも言えなかった。戦後は完全な議院内閣制であり、選挙の結果勝利した与党の党首が内閣を組閣することになっている。「政治家が信用できない」となれば民主主義をある意味否定することになる。不幸にして戦争になっても軍事だけの世界ではない。戦争の間中も軍事とともに外交も回転している。それをコントロールするのが政治だ。それをしないのであれば政治の責任放棄と言われても仕方ない。

米国の例を引けば、朝鮮戦争で中国義勇軍が参戦してきた際、国連軍司令官だったマッカーサー元帥は、原爆の使用を進言した。しかし、トルーマン大統領の回答はＮＯだった。最終的には第二次世界大戦の英雄であるマッカーサー元帥は解任されたが、これがシビリアン・コントロールである。

第二は、歴史に謙虚であれということである。

昭和20年8月15日に終戦を迎えた。その後の歩みは「東京裁判史観」が大きく影響を与えたと思うが、昭和20年8月15日を境に日本は別の日本に生まれ変わったという見方、考え方がある。代表的なのが宮沢俊義東大教授が述べた「8月15日革命説」である。この考え方に立てば、戦前は軍国主義の暗黒の世の中であり、戦後は憲法9条の下、平和国家に生まれ変わったということになる。ある意味極めてシンプルな歴史観だ。このような歴史観に立てば、戦前は軍国主義→軍隊の独走→日本は悪い国→軍隊は持たない方がいい、ということになる。ここからは健全な安全保障政策は決して生まれない。歴史は白黒でキッチリ区切るべきものではない。歴史は連綿と流れているのであり、昭和20年8月15日で線を引くということは、歴史に対する冒瀆だと思う。少なくとも歴史と伝統を重んじる保守の人々が取るべき立場ではないと思う。

三井美奈産経新聞パリ支局長の著書に『敗戦は罪なのか』(産経新聞出版)があるが、これは東京裁判のオランダ判事レーリンクが世に問うた言葉である。敗戦に至る経緯を振り返ると確かに道を誤り、国家としての選択を誤ったことは確かである。それを全面否定することなく、なぜ道を誤ったかを冷静に検証し、これからの時代に生かす姿勢が大切なことだと思う。「反省しろ」「はい、反省します」だけでは何も生まれない。この本でも取り上げたように戦前にも我々が学ぶべきリーダーが確かに存在したのだ。その偉大な先人に学ぶことも歴史に謙虚に向き合わなければできないことだ。

今、述べた2点は突き詰めると「戦後レジューム」と言える。もうそろそろ日本も「戦後レジューム」から脱却する時期に来ていると思っている。

最後に、この本の企画、編集、出版に当たってWAC社の関係者に多大なご尽力を頂いた。心から感謝申し上げたい。そして、私との対談にお付き合い頂いた門田隆将さんに改めて心からのお礼を申し上げます。

令和5年春

河野克俊

**門田隆将（かどた　りゅうしょう）**
作家、ジャーナリスト。1958（昭和33）年、高知県生まれ。中央大学法学部卒業後、新潮社に入社。『週刊新潮』編集部に配属、記者、デスク、次長、副部長を経て、2008年4月に独立。『この命、義に捧ぐ―台湾を救った陸軍中将根本博の奇跡』（集英社、後に角川文庫）で第19回山本七平賞受賞。主な著書に『死の淵を見た男―吉田昌郎と福島第一原発』（角川文庫）、『疫病２０２０』『日中友好侵略史』（産経新聞出版）、『新・階級闘争論』（ワック）など多数。

**河野克俊（かわの　かつとし）**
前統合幕僚長。1954年（昭和29年）、北海道生まれ。1977年に防衛大学校機械工学科卒業後、海上自衛隊入隊。第三護衛隊群司令、佐世保地方総監部幕僚長、海上幕僚監部総務部長、海上幕僚監部防衛部長、掃海隊群司令、海将に昇任し護衛艦隊司令官、統合幕僚副長、自衛艦隊司令官、海上幕僚長を歴任。2014年、第5代統合幕僚長に就任。3度の定年延長を重ね、在任は異例の4年半に渡った。2019年4月退官。川崎重工業㈱顧問。著書『統合幕僚長 我がリーダーの心得』（ワック）、『国難に立ち向かう新国防論』（ビジネス社・共著）。

# リーダー3つの条件《じょうけん》
## 世界《せかい》でリーダーシップを発揮《はっき》した安倍総理《あべそうり》に学《まな》ぶ

2023年3月25日　初版発行

著　者　門田隆将・河野克俊

発行者　鈴木 隆一

発行所　ワック株式会社
東京都千代田区五番町 4-5　五番町コスモビル　〒102-0076
電話　03-5226-7622
http://web-wac.co.jp/

印刷製本　大日本印刷株式会社



ISBN978-4-89831-879-9